地方应用型高校创新创业教育生态系统构建研究

Research on the Construction of Innovation and Entrepreneurship Education Ecosystem in Local Application-oriented Universities

郑晓燕 著

西南财经大学出版社
Southwestern University of Finance & Economics Press
中国·成都

图书在版编目(CIP)数据

地方应用型高校创新创业教育生态系统构建研究/郑晓燕著 . —成都:西南财经大学出版社,2021. 12
ISBN 978-7-5504-4685-4

Ⅰ. ①地… Ⅱ. ①郑… Ⅲ. ①地方高校—创业—教育研究—中国
Ⅳ. ①G647. 38

中国版本图书馆 CIP 数据核字(2020)第 244635 号

地方应用型高校创新创业教育生态系统构建研究
DIFANG YINGYONGXING GAOXIAO CHUANGXIN CHUANGYE JIAOYU SHENGTAI XITONG GOUJIAN YANJIU
郑晓燕 著

策划编辑:张博
责任编辑:王琳
责任校对:张博
封面设计:张姗姗
责任印制:朱曼丽

出版发行	西南财经大学出版社(四川省成都市光华村街 55 号)
网　　址	http://cbs. swufe. edu. cn
电子邮件	bookcj@ swufe. edu. cn
邮政编码	610074
电　　话	028-87353785
照　　排	四川胜翔数码印务设计有限公司
印　　刷	郫县犀浦印刷厂
成品尺寸	170mm×240mm
印　　张	13. 5
字　　数	176 千字
版　　次	2021 年 12 月第 1 版
印　　次	2021 年 12 月第 1 次印刷
书　　号	ISBN 978-7-5504-4685-4
定　　价	78. 00 元

本书系山东省社会科学规划研究项目“地方应用型高校创新创业教育生态系统构建研究”（项目批准号：19CDCJ02）的研究成果。同时，感谢德州学院学术著作出版基金的资助。

前言

随着国家创新驱动发展战略的实施及《国务院办公厅关于深化高等学校创新创业教育改革的实施意见》的发布，高等学校的创新创业教育成为国家创新驱动发展战略成功实施的重要基础。文件提出，把深化高校创新创业教育改革作为推进高等教育综合改革的突破口，树立先进的创新创业教育理念，面向全体、分类施教、结合专业、强化实践，促进学生全面发展，提升人力资本素质，努力造就大众创业、万众创新的生力军。虽然国内已有关于高校创新创业教育的相关研究，但是研究内容以解释现状和提供政策为主，或者是站在整个社会发展的角度，对创新创业生态系统的宽泛的理论进行探讨。而本书立足地方应用型高校，从创建地方应用型高校创新创业教育生态系统的角度出发，以生态学、管理学、创业学等相关理论为支撑，特别是紧密联系地方应用型高校的实际，在丰富高校创新创业教育生态系统理论的基础上，对地方应用型高校创新创业教育生态系统构建的实践进行了探索性研究。

本书的整体结构如下：

首先，对相关文献进行综述。本书围绕“生态系统”相关研究的逐步发展与拓展，从层层递进的角度分别对生态系统、创业生态系统与创新生态系统、创新创业教育生态系统三方面研究进行了综述。其中，在与本书密切相关的创新创业教育生态系统的研究方面，本书进一步从定义、主体构成、运行机制三方面进行文献综述。近20年来，生态系统的概念在组织、战略与创新管理等学科领域不断被相关学者热议，并成为研究关注的焦点。生态系统之所以流行，是因为研究人员开始关注组织和活动之间的相互依赖性，而创新创业教育系统的各组成部分就是相互依赖的一个有机整体。基于国内外的相关研究，本书认为地方高校创新创业教育生态系统应以创新创业基础教育体系和创新创业实践训练平台为核心，结合高校的课程思政建设，政府、企业、高校等多方协同共建创新创业实践平台以及相应的保障机制和运行机制，从而推动其科学持续发展。

其次，构建创新创业教育生态系统的理论基础并总结创新创业教育的实践经验。本书构建的创新创业教育生态系统主要来自四种理论——生态系统理论、区域创新系统理论、三重螺旋理论、创业型大学理论，并在对四种理论分别进行分析的基础上，进一步通过国内外创新创业教育的成功实践阐释构建创新创业教育生态系统的理论基础。

再次，构建地方应用型高校创新创业教育生态系统。在文献研究和实践经验总结的基础上，本书构建研究的中心——“一二三四”地方应用型高校创新创业教育生态系统。该系统中的“一”是指创新创业教育生态系统，“二”是指创新创业基础理论教育体系和创新创业实践教育体系，“三”是指创新创业实践基地、大学生创业孵化基地和大学生创业教育创新试验区三大创新创业实践训练平台，“四”是指组织保障机制、师资保障机制、资金保障机制和创新创业成果评价机制四大保障机制。创新创业基础教育包括以创新创业通识课程为基础，以创新专业课程和创业技能课程为提升的地方应用型高校创新创业理论教育体系和以学生创新创业能力培养为核心的实践教育体系。在体现创新创业教育体系与课程思政的有机融合过程中，本书建立了完善的创新创业教育保障机制，与课程思政认同阶段相融合，从而使课程思政建设有机融入创新创业教育生态系统全过程、全领域。

最后，介绍高校创新创业生态系统构建的成功实践。在前面构建地方应用型高校创新创业教育生态系统的基础上，本书结合德州学院的创新创业实践，一方面对实践进行总结分析，另一方面通过对成功实践的总结来验证构建的理论框架。本部分首先总结了德州学院创新创业教育生态系统探索性实施取得成功的原因，主要来自以下几个方面：结构合理、专业性强的创新创业师资队伍，课程思政与大学生创新创业教育教学全过程的有机融合，创新创业基础教育不断助力创新创业教育生态系统的完善，由创新创业实践平台助力的创新创业教育生态系统的落地。随后，本书通过德州学院5名学生的实际案例来展现德州学院创新创业教育生态系统应用的成效。

本书的创新点表现在以下几个方面。

第一，本书所构建的创新创业教育生态系统理论模型将进一步丰富高校创新创业教育的研究成果。本书构建的地方应用型高校“一二三四”创新创业教育生态系统理论模型对于当前地方应用型高校缺乏系统、科学的创新创业教育体系的现状而言是一个较大的理论创新。这一系统将同时搭建三个实践平台，使理论学习和实践操作的结合得以实现，从而形成一个系统、科学、可操作性强的大学生创新创业教育体系，为国内相关理论研究提供新的成果支撑。

第二，将课程思政建设与创新创业教育有机融合。课程思政建设与创新创业教育有机融合对完善高校创新创业教育生态系统，特别是构建全员全过程全方位育人大格局具有重要的意义。本书将课程思政建设与创新创业教育有机融合，相比之前的有关研究，将更有利于促进大学生形成正确的创新创业价值取向；将课程思政建设与创新创业教育有机融合也有利于大学生创新创业能力的提升；将课程思政建设与创新创业教育有机融合更有利于系统进行中国特色社会主义、中国梦、社会主义核心价值观教育，坚定学生理想信念，切实提升立德树人的成效，推动高校创新创业教育教学的改革和育人目标的实现。

第三，将地方应用型高校的人才培养与创新创业教育有机融合。种种原因使得地方应用型高校人才培养的许多诉求未得到应有的重视，本书构建的地方应用型高校创新创业教育生态系统将助力地方应用型高校的人才培养目标的实现。本书紧紧围绕价值塑造、知识传授、能力培养“三位一体”的高校人才培养目标，在构建的创新创业基础教育生态系统中，有针对性地设计理论教育体系和实践教育体系，真正实现在知识传授中对学生的价值进行塑造，既解决了高校教育理论与实践“两张皮”的问题，也使“大学生的能力提升”不是一句空话。本书将为地方应用型高校创新创业教育的开展提供理论与实践借鉴。

2020年10月

目录

第一章　绪论

第一节　研究背景与意义

一、研究背景

（一）“大众创业、万众创新”已成为国家经济发展战略

“大众创业、万众创新”出自2014年9月夏季达沃斯论坛上李克强总理的讲话，李克强总理提出，要在960万平方公里土地上掀起“大众创业”“草根创业”的新浪潮，形成“万众创新”“人人创新”的新形态。此后，李克强总理在首届世界互联网大会、国务院常务会议和2015年《政府工作报告》等场合中频频阐释这一关键词。2015年的《政府工作报告》把“大众创业、万众创新”提升到国家经济发展新引擎的战略高度。“大众创业、万众创新”战略契合建设创新创业型社会的发展趋势，当前，我国创业创新的热潮正在蓬勃兴起，“大众创业、万众创新”作为动力之源、富民之道、强国之举、公平之计，其效应正逐渐显现。“大众创业、万众创新”上升到国家战略高度后，成为我们党和国家当前及未来相当长的时期内在经济社会发展全局工作中的一

项重要任务，也是全社会对高校的期待和时代发展的要求。高校作为创新创业教育的重要载体，需要进一步完善人才培养方案，优化创新创业教育体系，加强创新创业教育师资队伍建设，打造创新创业实践平台，努力适应创新驱动发展战略的要求，大力提升高校创新创业教育水平，着力培养大学生的创新精神和创业能力。

1. 以创新驱动战略为重要引擎，创新已成为引领发展的第一动力

创新是引领发展的第一动力，是建设现代化经济体系的战略支撑，也是实现高质量发展的必由路径。近年来，我国大众创业、万众创新热潮不断兴起，呈现聚焦生产领域、技术要素深度融合、成果转化更为活跃、与产业升级结合紧密、创新创业生态更加完善等趋势特征，创新创业与我国的技术变革、产业升级和经济新常态下的供给侧结构性改革结合更为密切，将为促进经济增长、提高劳动生产率和全要素生产率提供有力支撑。

近几年，我国从国家政策层面到经济运行层面，已经牢固树立并贯彻落实创新、协调、绿色、开放、共享的新发展理念，创新驱动发展战略也在加快实施，推动大众创业、万众创新的各项政策措施正在加紧全面落实。各个地区、各个行业都在加强顶层设计和统筹谋划，通过试点示范完善大众创业、万众创新政策环境，推动大众创业、万众创新政策落地，构建大众创业、万众创新支撑平台，构建大众创业、万众创新发展生态，调动大众创业、万众创新主体积极性，发挥大众创业、万众创新和“互联网+”集众智汇众力的乘数效应，发展新技术、新产品、新业态、新模式，总结大众创业、万众创新成功经验并向全国推广，进一步促进社会就业，推动形成大众创业、万众创新蓬勃发展的新局面，实现发展动力转换、结构优化，促进经济提质增效升级。

2. 大众创业、万众创新已成为供给侧结构性改革背景下培育和催生经济增长新动能的必然选择

随着我国经济进入新常态，工业化进程加快导致的资源约束日益明显，依靠投入量的增加的传统粗放型经济发展方式下的经济增长动能日益乏力，需求侧经济增长潜力已被释放，供给侧经济增长潜力亟须挖掘。相应地，在经济新常态下，我国经济增长动能必须由传统的消费、投资、要素数量驱动转向创新驱动。推动大众创业、万众创新，将倒逼创新创业领域的制度创新，一方面激励原来劳动力要素中部分劳动力自动实现要素升级为技术、管理等高级劳动要素，助力要素市场的升级；另一方面，众多的创业企业将为市场注入活力，带动产品市场升级，推动产业升级，甚至助推新兴产业的发展。推动大众创业、万众创新，无论从要素市场还是产品市场，都将助力经济增长新动能的培育。

进入经济新常态和实现供给侧结构性改革在要素市场的重要表现之一就是如何解决我国劳动力要素市场的供需结构失衡问题。在劳动力供给侧，一方面是由城市化进程中出现的大量农业转移劳动力、高等教育普及率逐步提高下积累的大量高校毕业生、每年大量退役的军人等组成的大量待就业劳动力，另一方面是高技能技术工人、高层次研发人员、管理人员的供给不足。在劳动力需求侧，随着我国物质文化水平的提高，我国产业升级、消费升级，一方面对一般工人的需求量大幅降低，另一方面对高层次人力资本的需求相对过剩。劳动力要素市场的供需结构矛盾，使得大量人群失业与大量职位空缺现象并存。而推动大众创业、万众创新将使大量失业、待业人员进入创业队伍，不仅有效缓解就业压力、解决要素市场的供需矛盾，同时，在“大众创业、万众创新”的浓厚氛围与创新创业精神感染下，求职者与就业者本身也会不断提升自己，从而提升我国整体要素质量。

3.“互联网+”的快速发展，让大众有了更多的创新创业机会

各种新兴技术尤其是“互联网+”的快速发展，已经让普通人有了更多的创新创业机会。近年来，随着宽带网络速度大幅提升、移动通信终端广泛普及、生产管理的自动化程度提高，众筹等新的商业形态有助于形成风险共担、利益分享机制，这让有梦想、有意愿、有能力的人有了广阔的平台去施展拳脚。

近几年，我国高新技术产业一直保持两位数的增长，其增速高出规模以上工业产值平均增速；网上零售额在过去几年连续高增长的基础之上，不断破纪录；机器人、新能源汽车等新产品的产值的增长速度也都大幅提高。实践证明，在经济面临下行压力的情况下，“大众创业、万众创新”为稳增长、防风险、扩就业做出了重要贡献。借助于互联网的快速发展，普通大众有了更多创新、创业机会的同时，“互联网+”创业网络体系也在快速发展，各地不断出现小微企业创业创新基地，这些创业创新基地不仅有力促进了创业与创新、创业与就业、线上与线下的结合，也大幅降低了全社会创业门槛和成本。同时，互联网等信息通信技术的发展加强了整个社会大数据的开放共享程度，推动了大型互联网企业和基础电信企业向包括创业者在内的大众开放数据资源。得益于上述信息的发展，让用户参与生产、研发的新一代企业组织模式如众包、云设计等已悄然兴起并正被推广运用至各行业。

4.“大众创业、万众创新”是践行群众路线、实现群众过上更好生活愿望的必然要求

大众创业、万众创新参与者从无到有、从少到多，创新过程是人的社会实践过程。马克思、恩格斯早就提出：“思想本身根本不能实现什么东西。思想要得到实现，就要有使用实践力量的人。”毛泽东同志也指出：“人民，只有人民，才是创造世界历史的动力。”我国采取包括

"大众创业、万众创新"在内的各种方式，允许和鼓励全社会勇于创造，大力解放和发展生产力，有助于社会最终实现共同富裕。

（二）高等学校创新创业教育改革不断推进

高校作为培育人才的重要阵地，高等学校的创新创业教育成为国家创新驱动发展战略成功实施的重要基础。为此，围绕国家创新驱动发展战略，高等学校创新创业教育改革不断推进，创新创业教育改革不仅包括进一步完善人才培养方案、优化创新创业教育体系、加强创新创业教育师资队伍建设、打造创新创业实践平台，还要求适应创新驱动发展战略的要求、大力提升高校创新创业教育水平、着力培养大学生的创新精神和创业能力。

1. 国家全面推进深化高校创新创业教育改革

高校作为培育人才的重要阵地，高等学校的创新创业教育成为国家创新驱动发展战略成功实施的重要基础。全面推进深化高校创新创业教育改革，不仅是国家创新驱动发展战略成功实施与实现经济增长动能转换的现实需要，也是从人才供给源头解决供给侧结构性改革中要素市场供需结构性失衡问题的重要举措。随着"大众创业、万众创新"的提出与推进带动了高校创新创业的进一步发展，尤其是党的十八大和十九大关于创新创业人才培养的重要部署，使高校创新创业教育在受到高度重视同时也取得了较快的发展。但是，由于经济发展时期创新创业教育经验的相对不足，高校创新创业教育发展也存在很多瓶颈问题，主要表现在创新创业教育资源的供给方面，由于缺少相关经验，相关教育理念相对滞后，教师队伍不充实，师资力量短缺，教学方法不能很好地与创新创业教育目标相适应，加上创新创业教育体系不完善，目前还没有形成较完善的创新创业教育生态系统。

为了进一步推动大众创业、万众创新，2015 年 5 月，国务院办公厅发布了《国务院办公厅关于深化高等学校创新创业教育改革的实施意见》。《国务院办公厅关于深化高等学校创新创业教育改革的实施意见》的指导思想是：全面贯彻党的教育方针，落实立德树人根本任务，坚持创新引领创业、创业带动就业，主动适应经济发展新常态，以推进素质教育为主题，以提高人才培养质量为核心，以创新人才培养机制为重点，以完善条件和政策保障为支撑，促进高等教育与科技、经济、社会紧密结合，加快培养规模宏大、富有创新精神、勇于投身实践的创新创业人才队伍，不断提高高等教育对稳增长促改革调结构惠民生的贡献度，为建设创新型国家、实现"两个一百年"奋斗目标和中华民族伟大复兴的中国梦提供强大的人才智力支撑①。

根据《国务院办公厅关于深化高等学校创新创业教育改革的实施意见》的总体目标要求，2015 年起全面深化高校创新创业教育改革。2017 年取得重要进展，形成科学先进、广泛认同、具有中国特色的创新创业教育理念，形成一批可复制可推广的制度成果，普及创新创业教育，实现新一轮大学生创业引领计划预期目标。到 2020 年建立健全课堂教学、自主学习、结合实践、指导帮扶、文化引领融为一体的高校创新创业教育体系，人才培养质量显著提升，学生的创新精神、创业意识和创新创业能力明显增强，投身创业实践的学生显著增加②。

高校创新创业教育改革不仅是为了践行国家创新驱动发展战略，也是把深化高校创新创业教育改革作为推进高等教育综合改革的突破口，

---

① 国务院办公厅. 国务院办公厅关于深化高等学校创新创业教育改革的实施意见［EB/OL］.（2015-05-13）［2020-10-30］. http://www.gov.cn/zhengce/content/2015-05/13/content_9740.htm.

② 国务院办公厅. 国务院办公厅关于深化高等学校创新创业教育改革的实施意见［EB/OL］.（2015-05-13）［2020-10-30］. http://www.gov.cn/zhengce/content/2015-05/13/content_9740.htm.

树立先进的创新创业教育理念，面向全体，分类施教，结合专业，强化实践，促进学生全面发展，提升人力资本素质，努力培养大众创业、万众创新的主力军。这次改革把解决高校创新创业教育存在的突出问题作为深化高校创新创业教育改革的着力点，将改革与创新创业人才培养体系相融合，充实课程内容，充实师资队伍，改进教学方法与手段，打破创新创业教育人才培养的瓶颈，培养、提升大学生的创新创业能力与素质。

2. 各地“双创”发展与地方应用型高校紧密合作

首先，地方应用型高校与创新创业具有天然联系。一方面，地方应用型高校定位于服务地方，需要更好地融入地方，这就强调地方应用型高校强化实践教学，服务于地方。随着大众创业、万众创新蓬勃发展、创新创业环境持续改善以及创新创业主体日益多元化，各地各类支撑平台不断丰富，创新创业社会氛围更加浓厚，创新创业理念日益深入人心，取得显著成效。另一方面，地方应用型高等学校作为为地方培养人才、向社会输送高层次人才的基地，在建设创新型国家和推动大众创业、万众创新实施过程中，我国各级政府对高校创新创业教育工作及地方应用型高校高度重视并加大了投入和支持力度。作为建设创新型国家的基础和培养创新创业人才的基地，各地方应用型高等学校不断探索并开展创新创业教育，特别是 2015 年 5 月《国务院办公厅关于深化高等学校创新创业教育改革的实施意见》印发后，创新创业教育逐渐成为推动高等学校人才培养模式创新和教学改革的重要抓手。

近年来，地方应用型高校在探索创新创业教育方面取得了积极进展，为区域、地方经济转型升级提供了有力的人才支撑。当前，我国经济发展进入新常态，地方应用型高校如何有效探索和深化创新创业教育，使其更加契合地方经济社会发展的需要，迫切需要我们全面把握地方应用型院校创新创业教育的对象范畴、价值指向和实现途径，为构建中国特色地方应用型院校创新创业教育提供理论与实践支撑。

（三）高校创新创业教育体系是一个需要多方协同推进的生态系统

1. 理论研究领域，生态系统理论逐渐被引入创新创业教育体系的研究

邓恩（Dunn）于 2005 年首次提出“创业生态系统”。2009 年，伊森伯格（Isenberg）第一次对创业生态系统进行了系统的定义，认为正常运转的创业生态系统应当包括有益的文化、充分授权的政策和领导力、资金的获得性、高品质的人力资本、融洽的产品市场以及配套的制度与基础设施。其后，卡瓦略（Carvalho，2010）、萨拉马扎德（Salamazadeh，2017）、世界经济论坛（2013）、全球创业观察（Global Entrepreneurship Monitor，2014）等分别研究了创业生态系统的构成、组成要素、框架条件等问题。费特斯（Fetters）等人于 2010 年提出基于大学的创业生态系统概念，使得创新创业教育生态系统逐渐被学者们所关注。他们认为，创业生态系统是通过知识和创新的专业化来演化和扩展的。约斯科维茨（Yoskovitz，2010）则在此概念的基础上突出了高校和教育系统对创业行为的影响力，认为高校在培养创业者的过程中传授创业知识以及相关的商业理念，实践过程中产生的知识溢出价值和教师的科研副产品也能够成为学生或者企业的创业项目提供灵感。卡瓦略（Carvalho ，2010）等人认为研究创业教育应该考虑包括三个维度的创业系统：课堂创业课程、课外创业项目以及支持性基础设施。布拉什（Brush，2014）的研究对创业教育生态系统的研究具有重要的推动作用。他认为高校在区域创业生态系统中具有重要的作用，在内部的创业教育实践中扮演关键角色。高校创业教育内部创业教育生态系统涉及创业课程、辅助课程活动以及研究三个领域，包括基础设施、利益相关

者、文化以及资源四个维度。凯瑟琳·比肖夫（Kathrin Bischoff，2018）等人则通过调查，对布拉什的研究进行了细化，总结出高校创业教育生态系统中12个主要的利益相关者，包括企业家、公司、金融机构、服务提供商、孵化器与加速器、学生组织、校友、高等教育机构、科技园区、政府组织、非政府组织和其他组织。

国内在关于创新与创业教育生态系统的定义方面，杜栋与洪璟玥（2018）基于生态学和系统学理论，认为高校创新创业系统其实是一个生态系统，是一个多元的整体，是以互动形式联系的，强调动态平衡。徐小洲和王旭燕（2016）认为，基于大学的创业教育生态系统是以大学为中心，并通过有效处理与大学相联系的政府、企业、市场、资金、培训等多方面的生态因子，来促进学生创业的。在关于我国创新创业教育生态系统的不足方面，刘月秀（2018）认为，我国创新创业的主要短板之一就是创新创业教育生态系统不稳定，没有生态效益，这突出表现在企业主动参与少、家长对创新创业教育不理解等五个方面。在关于我国创新创业教育生态系统的宏观发展方面，徐小洲与倪好（2018）根据全球创新创业教育发展趋势和我国创新创业教育承载的历史使命，提出我国创新创业教育生态系统建设可分为四个战略发展期。吕一军（2018）则提出，完善高校创业教育生态系统在基于学科专业的基础上既要注重利润性，也要注重公益性、未来性，即要四维融合、协同促进。徐小洲和王旭燕（2016）提出，我国创业教育生态体系建设要树立以全球、全民和终身为外驱力，以互补性、整体性和可持续性为内应力的“GALCHS”创业教育生态发展观念，破解学校创业教育“生态位”角色缺失、政策因子缺位、创业教育生态系统运行基础薄弱等难题，推进创业教育生态系统萌芽、发育并进入稳态。在关于构建我国创新创业教育生态系统的具体举措方面，黄扬杰、谢志远等（2018）以浙江省为例探讨了以应用新技术为导向的创新创业教育生态系统的构建。

2. 实践层面，高校创新创业教育改革是一项多方协同推进的工作

高校创新创业教育体制机制汇集了创新创业教育的诸多组成要素与资源，因此高校创新创业教育体制机制是深化高校创新创业教育改革的重要支撑点。良好的生态系统是开放、内外协同推进的。因此，要形成良好、运转高效的创新创业生态系统，需要社会全员参与，更需要社会各个部门为创新创业教育创造一个包括软硬件基础设施的良好的生态环境，使高校创新创业教育得以健康快速发展。

根据《国务院办公厅关于深化高等学校创新创业教育改革的实施意见》（国办发〔2015〕36号），高校创新创业教育改革涉及多方面的工作，其主要任务涉及人才培养质量标准、人才培养机制、课程体系、教学资金、政策保障体系等多方面。具体包括：①完善人才培养质量标准。制订实施本科专业类教学质量国家标准，不同层次、类型、区域高校要结合办学定位、服务面向和创新创业教育目标要求，制订专业教学质量标准，修订人才培养方案。②创新人才培养机制。实施高校毕业生就业和重点产业人才供需年度报告制度，完善学科专业预警、退出管理办法，探索建立需求导向的学科专业结构和创业就业导向的人才培养类型结构调整新机制，促进人才培养与经济社会发展、创业就业需求紧密对接。探索建立校校、校企、校地、校所以及国际合作的协同育人新机制，积极吸引社会资源和国外优质教育资源投入创新创业人才培养。高校要打通一级学科或专业类下相近学科专业的基础课程，开设跨学科专业的交叉课程，探索建立跨院系、跨学科、跨专业交叉培养创新创业人才的新机制，促进人才培养由学科专业单一型向多学科融合型转变。③健全创新创业教育课程体系。各高校要根据人才培养定位和创新创业

教育目标要求，促进专业教育与创新创业教育有机融合，调整专业课程设置，挖掘和充实各类专业课程的创新创业教育资源，在传授专业知识过程中加强创新创业教育。④改革教学方法和考核方式。各高校要广泛开展启发式、讨论式、参与式教学，扩大小班化教学覆盖面，推动教师把国际前沿学术发展、最新研究成果和实践经验融入课堂教学，注重培养学生的批判性和创造性思维，激发创新创业灵感。运用大数据技术，掌握不同学生学习需求和规律，为学生自主学习提供更加丰富多样的教育资源。改革考试考核内容和方式，注重考查学生运用知识分析、解决问题的能力，探索非标准答案考试，破除“高分低能”积弊。⑤强化创新创业实践。各高校要加强专业实验室、虚拟仿真实验室、创业实验室和训练中心建设，促进实验教学平台共享。鼓励各地区、各高校充分利用各种资源建设大学科技园、大学生创业园、创业孵化基地和小微企业创业基地，作为创业教育实践平台，建好一批大学生校外实践教育基地、创业示范基地、科技创业实习基地和职业院校实训基地。完善国家、地方、高校三级创新创业实训教学体系，深入实施大学生创新创业训练计划，扩大覆盖面，促进项目落地转化。举办全国大学生创新创业大赛，办好全国职业院校技能大赛，支持举办各类科技创新、创意设计、创业计划等专题竞赛。支持高校学生成立创新创业协会、创业俱乐部等社团，举办创新创业讲座论坛，开展创新创业实践。⑥改革教学和学籍管理制度。各高校要设置合理的创新创业学分，建立创新创业学分积累与转换制度，探索将学生开展创新实验、发表论文、获得专利和自主创业等情况折算为学分，将学生参与课题研究、项目实验等活动认定为课堂学习。为有意愿有潜质的学生制订创新创业能力培养计划，建立创新创业档案和成绩单，客观记录并量化评价学生开展创新创业活动情况。⑦加强教师创新创业教育教学能力建设。各地区、各高校要明确全体教师创新创业教育责任，完善专业技术职务评聘和绩效考核标准，加强创新创业教育的考核评价。配齐配强创新创业教育与创业就业指导专职教师队伍，并建立定期考核、淘汰制度。聘请知名科学家、创业成功者、企业家、风险投资人等各行各业优秀人才，担任专业课、创新创业课授课或指导教师，并制定兼职教师管理规范，形成全国万名优秀创新创业导师人才库。⑧改进学生创业指导服务。各地区、各高校要建立健全学生创业指导服务专门机构，做到“机构、人员、场地、经费”四到位，对自主创业学生实行持续帮扶、全程指导、一站式服务。各地区和具备条件的行业协会要针对区域需求、行业发展，发布创业项目指南，引导高校学生识别创业机会、捕捉创业商机。⑨完善创新创业资金支持和政策保障体系。各地区、各有关部门要整合发展财政和社会资金，支持高校学生创新创业活动。各高校要优化经费支出结构，多渠道统筹安排资金，支持创新创业教育教学，资助学生创新创业项目。深入实施新一轮大学生创业引领计划，落实各项扶持政策和服务措施，重点支持大学生到新兴产业创业。有关部门要加快制定有利于互联网创业的扶持政策[①]。

（四）新时代中国青年的使命与高校课程思政建设紧密联系

1. 国际经济政治形势复杂，新时代中国青年担负实现中国梦的远大使命

在纪念五四运动100周年大会上，习近平主席发表重要讲话指出：“新时代中国青年运动的主题，新时代中国青年运动的方向，新时代中国青年的使命，就是坚持中国共产党领导，同人民一道，为实现‘两

---

① 国务院办公厅. 国务院办公厅关于深化高等学校创新创业教育改革的实施意见[EB/OL].（2015-05-13）[2020-10-30]. http://www.gov.cn/zhengce/content/2015-05/13/content_9740.htm.

个一百年’奋斗目标、实现中华民族伟大复兴的中国梦而奋斗。”① 同时提出了对新时代中国青年的六个要求：新时代中国青年要树立远大理想，新时代中国青年要热爱伟大祖国，新时代中国青年要担当时代责任，新时代中国青年要勇于砥砺奋斗，新时代中国青年要练就过硬本领，新时代中国青年要锤炼品德修为②。

当前国际国内形势复杂，新时代中国青年担负实现中华民族伟大复兴的中国梦的远大使命，而坚定的理想信念是新时代中国青年完成使命的思想保障。

2. 全国自上而下全面推进高校课程思政建设

培养什么人、怎样培养人、为谁培养人是教育的根本问题，立德树人成效是检验高校一切工作的根本标准。落实立德树人根本任务，必须将价值塑造、知识传授和能力培养三者融为一体、不可割裂。全面推进课程思政建设，就是要寓价值观引导于知识传授和能力培养之中，帮助学生塑造正确的世界观、人生观、价值观，这是人才培养的应有之义，更是必备内容。这一战略举措，影响甚至决定着接班人问题，影响甚至决定着国家的长治久安，影响甚至决定着民族复兴和国家崛起。2016年12月7日至8日，全国高校思想政治工作会议在北京召开，这是一次具有里程碑意义的重要会议。习近平总书记在会上发表的重要讲话，是指导新形势下高校思想政治工作的纲领性文件，揭开了高校思想政治工作新的历史篇章。为深入贯彻落实习近平总书记关于教育的重要论述

---

① 习近平. 习近平：在纪念五四运动100周年大会上的讲话［EB/OL］.（2019-04-30）［2020-10-30］. http://www.xinhuanet.com/politics/leaders/2019-04/30/c_1124440193.htm.

② 习近平. 习近平：在纪念五四运动100周年大会上的讲话［EB/OL］.（2019-04-30）［2020-10-30］. http://www.xinhuanet.com/politics/leaders/2019-04/30/c_1124440193.htm.

和全国教育大会精神，2020 年 5 月，教育部印发《高等学校课程思政建设指导纲要》，把思想政治教育贯穿人才培养体系，全面推进高校课程思政建设。

根据教育部关于印发《高等学校课程思政建设指导纲要》的通知，全面推进课程思政建设是落实立德树人根本任务的战略举措，在此战略中，课程思政建设成为全面提高人才培养质量的重要任务。这就意味着“课程思政”的理念必须在全国所有高校、所有学科贯彻推行，高校教师需全员参与课程思政的建设，也对教师课程思政能力提升提出了要求，只有这样，我们才能通过各方的协同推进，将课程思政建设真正贯彻推进，从而提高高等学校立德树人的成效。

课程思政建设内容要紧紧围绕坚定学生理想信念，以爱党、爱国、爱社会主义、爱人民、爱集体为主线，围绕政治认同、家国情怀、文化素养、宪法法治意识、道德修养等重点优化课程思政内容供给，系统进行中国特色社会主义和中国梦教育、社会主义核心价值观教育、法治教育、劳动教育、心理健康教育、中华优秀传统文化教育。基于这样的目标，我们在课程思政建设内容方面就需要推进习近平新时代中国特色社会主义思想进教材进课堂进头脑；坚持不懈用习近平新时代中国特色社会主义思想铸魂育人，引导学生了解世情、国情、党情、民情，增强对党的创新理论的政治认同、思想认同、情感认同，坚定中国特色社会主义道路自信、理论自信、制度自信、文化自信。不仅如此，课程思政还要注重培育和践行社会主义核心价值观，引导学生把国家、社会、公民的价值要求融为一体，提高其爱国、敬业、诚信、友善修养，自觉把小我融入大我，不断追求国家的富强、民主、文明、和谐和社会的自由、平等、公正、法治，将社会主义核心价值观内化为精神追求、外化为自觉行动。科学完整的课程思政建设还包括加强中华优秀传统文化教育、深入开展宪法法治教育、深化职业理想和职业道德教育等内容[①]。

课程思政建设是一项复杂的系统工程，要顺利推进课程思政建设，我们必须加强顶层设计，做好全局、系统性规划，课程思政建设各方、各要素协同推进，真正实现课程思政建设成效。为推进高校思政建设，加强组织领导，根据《教育部关于印发〈高等学校课程思政建设指导纲要〉的通知》（教高〔2020〕3号），教育部成立课程思政建设工作协调小组，统筹研究重大政策，指导地方、高校开展工作；组建高校课程思政建设专家咨询委员会，提供专家咨询意见。各地教育部门和高校也切实加强了对于课程思政建设的领导，结合实际研究并制订各地、各校课程思政建设工作方案，健全工作机制，强化督查检查。全面形成广泛开展课程思政建设的良好氛围，全面提高人才培养质量[②]。

3. 高校创新创业教育与思想政治教育之间具有必然的内在联系

创新创业教育一方面可以培养、激发大学生的创新思维，培育创业精神；另一方面具有创新思维、创业精神的大学生能够有热情创业，从而可以促进大学生就业。同时还要从思想上端正大学生的价值观、世界观等，创新创业教育也因此与思想政治教育有着必然的内在联系。

“青年兴则国家兴，青年强则国家强。”高校思想政治工作关系着高校培养什么样的人、如何培养人以及为谁培养人这些根本问题。创新创业教育是当前时代的要求，高校思政建设需要与时俱进，因此高校思想政治教育必须适应时代发展的要求，将创新创业教育与思想政治教育有机融合，这不仅是与时俱进的要求，也是通过创新创业教育提升学生

---

① 教育部. 高等学校课程思政建设指导纲要［EB/OL］.（2020-06-06）［2020-10-30］. http://www.gov.cn/zhengce/zhengceku/2020-06/06/content_5517606.htm.

② 教育部. 高等学校课程思政建设指导纲要［EB/OL］.（2020-06-06）［2020-10-30］. http://www.gov.cn/zhengce/zhengceku/2020-06/06/content_5517606.htm.

综合素质的有效途径。

为国家培养合格的创新、创业人才，我们必须从思想上用习近平新时代中国特色社会主义思想武装头脑、指导实践，坚持一体化育人，打通三全育人“最后一公里”，而这正是高校思想政治工作战线的关键。高校课程思政建设，不仅体现在提高大学生思想道德修养、人文素质、科学精神、宪法法治意识、国家安全意识和认知能力的公共基础课程上，还贯彻于所有的专业教育、实践教育课程中。在创新创业教育课程中，教师应注重让学生“敢闯会创”，让学生在亲身参与中增强创新精神、创造意识和创业能力，真正将课程思政融入创新创业教学建设的全过程。

二、研究意义

（一）理论意义

1. 创新创业教育生态系统理论模型将进一步丰富高校创新创业教育的研究成果

由于生态系统是一个开放的系统，与外部环境有着有机联系，因此具有不同地域环境、地域文化的高校，其创新创业教育生态系统通常是不可完全复制或直接移植，各高校创新创业教育生态系统必须根植于当地的文化、制度、资源条件，将其有机融入创新创业教育生态系统，组成创新创业教育生态系统的各个部分作为相互依存的有机整体，协同发展。因此，构建创新创业教育生态系统，我们不仅要分析系统组成的各个部分、要素，还要从整体上对创新创业教育提出顶层设计，研究创新创业教育生态系统发展的理念、定位与目标。此外，与国外相关研究相比，我国学者在创新创业教育生态系统方面的研究有一个明显特征是，主要基于实践经验总结，研究内容以解释现状和提供政策为主，较为缺乏社会学、政治学、管理学、创业学等相关方面的理论支撑和科学规范的学术探讨。同时，更为缺乏翔实与科学的定性与定量研究。

本书所寻求构建的地方应用型高校“一二三四”创新创业教育生态系统理论模型，对当前地方应用型高校缺乏系统、科学的创新创业教育体系的现状而言是一个重大理论创新。这一系统将同时搭建三个实践平台，使理论学习和实践操作的结合得以实现，从而形成一个系统、科学、可操作性强的大学生创新创业教育体系，为国内相关理论研究提供新的成果支撑。

2. 将课程思政建设与创新创业教育有机融合对完善高校创新创业教育生态系统具有重要的价值

创新创业教育是当前时代的要求，高校思想政治教育必须适应时代发展的要求，秉承与时俱进的精神，课程思政建设与创新创业教育的有机融合无疑是回应时代诉求、提升学生综合素质的有效途径。

将课程思政建设与创新创业教育有机融合有利于提高大学生形成正确的创新创业价值取向。目前，我国部分高校的创新创业教育误将利益、收益目标置于重要位置，导致我国高校创新创业教育普遍存在功利化严重的问题，在创新创业教育中急于求成，在创新创业教育实施中将创业技巧的提高作为教学的重点，基于此出现了名目繁多的创业培训班及创新创业比赛。此种价值观偏离的目标导向，不仅违背了我国国家创新驱动战略的目标，更将误导一批大学生，不能培养真正具有创新创业素质的人才，更不利于创新创业教育的可持续发展。科学、有效的创新创业教育必须以正确的价值观、世界观为基础、前提，这就需要将课程思政建设与创新创业教育有机融合，基于正确的价值观引导，培养具有创新思维、创业精神的高素质创新创业人才。只有这样，培养的人才才能真正更好地服务社会、反哺社会。

将课程思政建设与创新创业教育有机融合有利于提高大学生创新创业能力和自信。加强创新创业教育的课程思政建设，将思想政治教育贯穿于创新创业教育全过程，可以引发学生对世界、对社会的积极思考，使学生形成积极、正面的人生态度，能够更好地适应社会，在面对很多未知困难时，能够具有战胜困难的勇气和继续前行的信心，从而能顺利完成本阶段的教育。因此，可以说课程思政建设是高校创新创业教育的重要阵地。尤其是在快速发展的信息社会，当今大学生面对越来越多的不确定性，经常会听到、见到各种消极的社会事件，在此背景下，强大的心理素质必不可少，而强大心理素质的基础是其思想方面，良好的思想政治教育是创新创业教育的思想保障，有效的思政教育将极大助推创新创业教育的发展，从而培养具有自信的创新创业人才，而自信也是创新创业人才必不可少的基本素质之一。

将课程思政建设与创新创业教育有机融合有利于推动高校创新创业教育教学改革和育人目标的实现。党的十八大以来，以习近平同志为核心的党中央坚持实施国家创新驱动发展战略，宏观层面是国家创新发展，微观层面就是要充分调动、发挥亿万民众的创造力。创造力是需要后天教育培养的，教育也要围绕国家发展目标、发展方向适时调整人才培养方向。服务好国家创新驱动发展战略，要求高校创新创业教育培养更多创新创业人才，推动大众创业、万众创新。《教育部关于印发〈高等学校课程思政建设指导纲要〉的通知》（教高〔2020〕3号）指出，课程思政建设内容要紧紧围绕坚定学生理想信念，以爱党、爱国、爱社会主义、爱人民、爱集体为主线，围绕政治认同、家国情怀、文化素养、宪法法治意识、道德修养等重点优化课程思政内容供给，系统进行中国特色社会主义和中国梦教育、社会主义核心价值观教育、法治教育、劳动教育、心理健康教育、中华优秀传统文化教育[①]。而这不仅是新时代对于大学生的基本品质要求，也是创新创业的基本能力和品质要求。因此，课程思政建设与创新创业教育有机融合是培养具有时代特点、创新思维、创业精神的创新创业人才的必然要求，而高素质创新创业人才的培养又是创新创业教育取得成效的重要标志，从而推动创新创业教育的可持续发展。

（二）实践意义

1. 地方应用型高校的人才培养与创新创业教育有机融合有助于促进地方应用型高校的发展

过去的各种原因使得地方应用型高校的很多诉求未得到应有的重视，创新教育与创业教育的有机融合被忽视。由于我国进行科学研究的高校主要集中于985、211高校，这就决定了我国关于创新创业教育的理论研究成果大多适合于这些985、211高校，而地方应用型高校并未受到应有的重视。本书的研究以地方应用型高校为对象，将为地方应用型高校创新创业教育的开展提供理论与实践借鉴。

2. 高校创新创业教育研究有助于高校培养创新性人才和解决大学生就业问题

我国高校扩招使得大学毕业生的就业问题日益凸显，在一定程度上，影响了高等教育改革、办学效益、高校与社会的关系等。自2011年以来，全国毕业生人数逐年增长，我国高校毕业生面临严峻的就业形势。

高等院校承担为国家培养经济社会发展所需人才的重担，这关系国家未来的经济社会发展。当今时代，技术变革速度日益加快，对人的创

① 教育部. 高等学校课程思政建设指导纲要［EB/OL］.（2020-06-06）［2020-10-30］. http://www.gov.cn/zhengce/zhengceku/2020-06/06/content_5517606.htm.

新能力要求将越来越高。作为为国家培养高素质人才的高等院校，如果忽视大学生的创新能力培养，我国普通高校毕业生将出现创新性、创造性和实践性等能力不足的问题，将加剧整个国民经济中的高素质创新创业人才缺乏的形势，进而影响我国现代化建设进程，甚至影响中国梦的实现。高校推进课程思政建设与创新创业教育有机融合的创新创业教育生态系统，一方面不仅有利于培养树立正确的人生观、价值观和成才观的创新创业人才，使其真正成为合格的社会主义建设者和接班人；另一方面，从就业角度讲，也将鼓励大学生参与“大众创业、万众创新”的队伍，提高大学生就业率。从国家创新驱动发展战略角度看，创新创业教育培养的具有创新能力人才尤其是储备复合型高素质创业人才，也将在我国提升国家综合竞争力中发挥重要的作用。

另外，课程思政建设与创新创业教育有机融合也有利于进一步缓解高校毕业生的就业压力和矛盾。科学、有效的创新创业教育必须以正确的价值观、世界观为基础、前提，这就需要将课程思政建设与创新创业教育有机融合，基于正确的价值观引导，培养具有创新思维、创业精神的高素质创新创业人才。通过二者的融合，高校培养大学生创新创业精神，塑造其创新创业品格，不断增强大学生的基本素质和能力，让每一位大学生都成为合格的创新创业者。这不仅将有效缓解就业压力和解决要素市场的供需矛盾，在“大众创业、万众创新”的浓厚氛围与创新创业精神感染下，求职者与就业者本身也会不断提升自己，从而提升我国整体要素质量。

3. 发展创新创业教育是地方应用型高校深入实施创新驱动发展战略的重要措施

在创新驱动发展战略引领下，创新已经成为引领社会发展的第一动力。随着全社会创新、创业的不断推进，创新创业与经济社会发展深度融合，对推动供给侧结构性改革、促进新旧动能转换和加快经济结构升级等发挥了重要作用。在教育领域，发展创新创业教育成为高校尤其是地方应用型高校深入实施创新驱动发展战略的重要措施。

进入经济新常态，我国经济已由高速增长阶段转向高质量发展阶段，经济增长速度减缓、供给侧结构性矛盾凸显，对推动“大众创业、万众创新”提出了迫切要求。地方应用型高校推动创新创业教育高质量发展，从培养创新、创业主体出发，为“大众创业、万众创新”培养创业、创新人才，从根源上加快“大众创业、万众创新”的推进。

第二节　研究目的与主要内容

一、研究目的

本书以地方应用型高校的创新创业教育为研究对象，基于系统论基本原理对创新创业基础教育体系、创新创业实践实训平台与课程思政的启发、内化、认同三个阶段进行科学整合和重构，研究如何构建一个适应地方应用型高校人才培养诉求、体现专业教育、课程思政建设与创新创业教育融合、实现学生由学校走向社会创业的地方应用型高校创新创业教育生态系统。

本书将结合《高等学校课程思政建设指导纲要》，把思想政治教育贯穿于创新创业教育人才培养体系，推进高校课程思政建设和创新创业教育的有机融合，完善创新创业教育生态系统。在融合推进时，创新创业教育将以提高学生的政治认同、文化自信为导向，将马克思主义理论、中国特色社会主义理论和民族文化作为融入创新创业教育的主要内容，促使学生在国家发展和个人前途的交汇点上，关心、思考国家与个人的命运联系，从而规划个人的人生。本书也将关注思政课程开发的内外要素，如创新创业的国家需求与大学生的大局意识和社会责任感培养，创新创业的感人事迹对大学生创新精神和科学精神的培养，等等。本书尝试建立和完善以引导学生形成创新创业意识和创新创业精神为导向，以培养创新创业能力为目标，以创新创业过程教育和课程思政为核心，体现地方应用型高校人才培养诉求的地方应用型高校“一二三四”创新创业教育生态系统，推动创新创业教育生态系统的理论发展。

二、研究的主要内容

本书基于对过去五年来已有成果的梳理，以系统论基本原理对创新创业基础教育体系、创新创业实践实训平台与课程思政的启发、内化、认同三个阶段进行科学整合和重构，研究如何构建一个适应地方应用型高校人才培养诉求、体现专业教育、课程思政建设与创新创业教育融合、实现学生由学校走向社会创业的地方应用型高校创新创业教育生态系统。为地方应用型高校的创新创业教育提供一个系统、科学的理论指导和实践操作体系。因此，本书的研究内容包括以下四部分。

（一）国内外研究现状

本部分围绕生态系统相关研究，从层层递进的角度分别对生态系统、创业生态系统与创新生态系统及创新创业教育生态系统三方面的研究进行综述。其中，对于与本书密切相关的创新创业教育生态系统的研究，本书进一步从定义、主体构成、运行机制三方面进行文献综述。

近 20 年来，生态系统概念在组织、战略与创新管理等学科领域不断被讨论，并成为焦点。生态系统概念之所以流行，是因为研究人员开始关注组织和活动之间的相互依赖性，而创新创业教育系统的各组成部分就是相互依赖的一个有机整体。此外，将生态系统概念扩展到商业模式、平台、伙伴关系、多边市场、网络、技术系统、供应链、价值创造和价值获取的新模式也变得越来越普遍。生态系统在经济领域较早扩展到商业生态系统领域，后来学者们开始研究知识、创业和创新生态系统。

创业生态系统作为一个充满生命力的研究领域，在国内外受到了越来越多的关注和研究。现有的关于创业生态系统的文献往往从多个理论透镜中涵盖不同的方面，比如创新螺旋和包容性增长、国家创业体系及大学、产业和政府之间的互动等。考夫曼基金会的一项研究表明，创业生态系统的健康程度可以用密度、多样性、流动性和连通性四个指标来衡量，2017 年的一项研究就以这四个指标为基础，同时将创业强度和组织双元的理论透镜与创业生态系统联系起来。但是创业生态系统的概念因不同的理论取向而有所不同。例如，梅森和布朗（2014）将创业生态系统定义为一组相互关联的创业行为者（包括潜在的和现有的）、创业组织（如公司、风险投资、商业天使、银行）、机构（大学、公共部门机构、金融机构）和创业过程。斯塔姆则借助于自己开发的模型将创业生态系统总结为“一组相互依赖的行动者”。第一个使用创业生态系统概念的科恩（Cohen）将其定义为“一个地方性的地理社区中相互关联的行为者群体，他们致力于通过支持和发展新的可持续企业以实现可持续的发展”。创新创业生态系统是伴随着创新意识、创新行为在社会经济发展中作用的凸显和发挥，新技术作用于社会经济各个领域并激发新产业、新行业、新业态和新模式应运而生的新概念。当前学术界对于创新创业生态系统内涵以及构成元素和运行机制等关键问题并未形成统一、权威的界定，但是关于创业生态系统和创新生态系统的相关研究已经相当丰富。

根据生态学和系统学理论，我国学者杜栋和洪璟玥（2018）将高校创新创业生态系统描述为：一个生态系统，一个多元的整体，以互动形式联系，强调动态平衡，看似不同的主体之间进行着有机联系，并在不断变化中保持着平衡，从而使各要素能平稳生存与有序发展，并使群落与环境达到协同和高度适应。

基于国内外的相关研究，本书认为地方高校创新创业教育生态系统应以创新创业教育课程和创新创业实践为核心，结合课程思政建设，政府、地方、企业、社会、高校多方协同共建创新创业实践平台以及相应的保障机制和运行机制，从而推动其科学持续发展。

（二）构建创新创业教育生态系统的理论基础与实践经验

作为本书主体内容的开始，该部分主要分析构建创新创业教育生态系统的理论基础，同时通过国内外创新创业教育的成功实践阐释构建创新创业教育生态系统的理论基础。

1. 构建创新创业教育生态系统的理论基础

通过研究，本书构建的创新创业教育生态系统主要来自四种理论：生态系统理论、区域创新系统理论、三重螺旋理论、创业型大学理论。

生态系统理论认为，尽管人们已经对生态系统理论的众多要素进行了讨论，但一个全面的生态理论还没有形成。乍一看，这些提出的要素完全不同，因而把它们统一起来似乎是不可能的。因此，像生态系统这样复杂的系统不能只用一种观点来描述，我们需要采取多元的视角。而采取多元视角研究、构建创新创业教育生态系统，正是本研究团队最初的出发点。

区域创新系统理论把一定区域内参加技术创新和转化的企业、大学及研究机构、中介服务机构、政府等要素统一起来，关注不同组织、机构、角色在科技创新中的定位及功能问题。对于地方应用型高校，其办学定位就是服务于地方，就需要把本区域内参加技术创新和转化的企业、大学及研究机构、中介服务机构、政府等要素统一起来，关注不同组织、机构、角色在创新中的定位及功能问题，从而作为地方应用型高校构建创新创业教育生态系统的重要依据。

利益相关者理论是与创新创业生态系统相关的一个非常重要的概念，在创业教育的特殊背景下，利益相关者包括所有群体，这些群体通过积极提供教育或作为教育的接受者直接或间接地受到创业教育的影响。内部利益相关者涉及大学附属机构，包括大学管理层和导师，外部利益相关者包括直接参与或与大学创业教育相关的所有非大学利益相关者。这些外部利益相关者群体包括企业、金融机构、支助服务机构、孵化器、加速器以及科技园和合作大学。利益相关者理论最早是研究公司行为的，认为公司不仅需要满足股东的需求，还应该满足所有关键利益相关者群体的需求和利益。利益相关者理论利用了系统理论的概念，同系统理论相似，强调系统中行为者之间的相互联系，同时强调行为者在系统中相互作用和协作的重要性。研究与实践均表明，企业家和公司代表是参与创业教育最频繁的外部利益相关者群体。就参与形式而言，通过辅导或指导提供反馈，通过讲课和讲故事分享经验，组织活动、交换知识和提供网络，这些是利益相关者最常见的参与形式。外部利益相关者的参与则传递了创业教育、现实的一面。这种实践视角可以补充国内创业教育工作者经常使用的关于创业的理论、学术观点。

三重螺旋模型强调大学、产业、政府相互协作是完成协作的最有效方式。三螺旋结构范式提出了大学在经济中的创新过程中的突出作用。创业型大学是三螺旋模型的核心，包括三个基本要素：①在知识型社会中，大学在创新中的作用更加突出，与产业和政府齐头并进；②三个主要机构领域之间的合作关系，创新政策日益成为各领域之间相互作用的结果；③除了履行其传统职能之外，每个机构在其他领域还扮演着其他角色，在其新职能的垂直轴上运行，在其传统职能的水平轴上运行。三螺旋解释了学习型社会的创建和巩固，它深深植根于知识生产、创新和传播，以及大学、产业和政府之间的良好关系。对于地方应用型高校，高校、产业、政府互动是优化知识型社会创新条件的关键。对于高校来说，产业是一个关键的利益相关者，因为它代表着生产的所在地。

“创业型大学”的相关理论则在传统高校的职能扩展方面，为大学的战略转型、知识经济与技术商业化等研究提供了很好的研究视角。

2. 构建创新创业教育生态系统的国内外实践经验

本部分选取了在创新创业教育生态系统方面取得良好实效的6所国外高校或机构以及3所国内高校进行了经验分析与总结。

美国百森商学院作为全球创业学领域的领先者，从其利益相关者的角度出发创建创业生态系统，虽然其利益相关者包括政府、学院、私营部门、家族企业、投资者、银行、企业家、社会领袖、研究中心、军方、劳工代表、学生、律师、合作社、公社、跨国公司、私人基金会、国际援助机构等，但美国百森商学院更加强调外部环境：①政府在研发、破产处理、合同执行、产权、劳工和税收等方面的投资和资金支持政策；②反映人们偏好的社会规范；③辅助职业在一定程度上代表了一个国家的教育体系，同时也代表了政府的政策和社会规范；④基础设施的发展反映了国家的财富和政府的政策；⑤教育机构和劳动力可能对一个新企业建立并成功成长产生积极或消极的影响；⑥领导力和早期客户与企业绩效直接相关。

美国斯坦福大学的创业生态系统像一个网络，该创业网络囊括了从创业人才培养到创业实践的各个环节，包括创业教育、创业活动、创业项目。其中，围绕创业项目，该创业网络还包括推动创业项目落地的创业孵化器与加速器等创业支撑项目。在具体实践中，创业网络将培养的创业人才输送给企业，接受创新创业教育的创业人才不仅带动企业的技术研发，并能进一步在创业孵化器与加速器的支撑下，推进新研发技术的产业化进程，从而实现成功的创业。创业的成功进一步引致对创新创业人才和技术的需求，从而在创业网络中的创业教育、技术研发、技术产业化、创业项目支撑等之间形成良性反馈机制，强化创业网络的稳定性。这样一个各组成部分之间良性互动、相互促进的创业网络培育了良好的创新创业精神，并使该创新创业精神在该创业网络内外蓬勃发展，不仅加快了新技术的研发，更激励了创业热情。

美国麻省理工学院创新创业教育生态系统中有师生创业群体以及与创业相关的各类机构组织的麻省理工学院、校友、企业与政府这几类主体。这些生态群落在相互影响、协同共生的过程中维护着整个系统的健康发展。

瑞典隆德大学创新创业教育生态系统主要依赖大型企业的参与，大都由创业中心负责，创业教育实践的支柱是：创业教学、创业风险投资、知识产权服务、研究成果转化等。此外，瑞典隆德大学创业教育实践的特色是嵌入区域发展。

加拿大瑞尔森大学创业教育生态系统为学生创造体验式的学习环境，将实践体现在创业教育之中，设置了面向创业实践的“五大架构”教育系统，建立了基于创业孵化的“空间学习”平台，形成了以实践为导向的创业教育生态系统。

新加坡南洋科技创业中心创业教育生态系统由新加坡经济发展局提供种子基金，并以培养、促进和扶持创新创业文化为己任，在区域中扮演着与政府、产业界直接联络与合作的重要角色。中心在健全自身创业教育体系的过程中，逐步与海内外学术机构、科研机构、风险投资公司、政府主管部门等开展广泛协作，逐渐形成了相互影响、互利共生的创业教育生态圈。

相对于国外在构建创新创业教育生态系统上的成熟经验，国内高校在这方面的发展较为落后。

温州大学创业教育生态系统中具有鲜明地域特色的创业人才培养模式被学者誉为中国高校创业教育的四大模式之一，温州大学的创业教育主要具有以下特点：校内外创业师资和多样化创业课程相得益彰，实体创业学院提供强大组织机构支持，创业社团与创业活动营造良好创业文化氛围，优质企业和行业资源助推校企合作，浓郁的创业环境提升了创业热情。

台州学院创新创业教育生态系统以高素质应用型人才培养为目标，构建了“一二课堂相融合、课内外相结合”的“一核心二导向三能力四层次五协同”创新创业实践体系。“一核心”指“地方产业需求”，围绕此产业需求核心培养高素质应用型人才；“二导向”指以“创新能力”和“对接就业”为导向；“三能力”指专业实践能力、创新创业能力、岗位适应能力；“四层次”指基础训练层、专业训练层、综合提高层和对接就业层；“五协同”指校企协同制定人才培养规格，构建实践体系，制定实验实训内容，参与实习实训，评价培养质量。

广州城建职业学院创新创业教育生态系统以创业教育引领专业教育，探索“三贯四融五进”人才培养机制，践行课程体系建设改革，完善创新创业课程体系，以赛促教，以赛促学，践行“理实”一体化实践教学，为学生搭建创新创业实践平台。

（三）地方应用型高校创新创业教育生态系统的构建

1. 确立创新创业教育培养目标和发展目标，构建地方应用型高校“一二三四”创新创业教育生态系统框架

在文献研究和实践经验总结的基础上，首先，本书明确地方应用型高校创新创业教育培养目标——以政治认同、家国情怀、文化修养、宪法法治意识、道德修养等内容的教育为引领，实现知识传授和价值引领相统一，专业教育与创新创业教育相融合，职业理想和职业道德教育相互渗透，培养具有创新思维、创业精神、创业能力、综合素质高、实践能力强的创新创业复合型人才，最终实现学生由学校顺利走向社会的目标。其次，本书确立创新创业教育的发展目标——寓价值观引导于知识传授和能力培养之中，帮助学生塑造正确的世界观、人生观、价值观，培养具有国际视野、独立思考能力、社会责任感、文化修养的创新创业型人才。最后，根据培养目标，本书设计地方应用型高校创新创业教育生态系统，即建立以引导学生形成“以创新创业意识与理念为突破、以培养创新创业能力为目标、以模拟和实操创新创业过程”为核心的“一二三四”创新创业教育生态系统（见图 1.1）。该系统中的“一”是指创新创业教育生态系统；“二”是指创新创业基础理论教育体系和创新创业实践教育体系，“三”是指创新创业实践基地、大学生创业孵化基地和大学生创业教育创新试验区三大创新创业实践训练平台；“四”是指组织保障机制、师资保障机制、资金保障机制和创新创业成果评价机制四大保障机制。

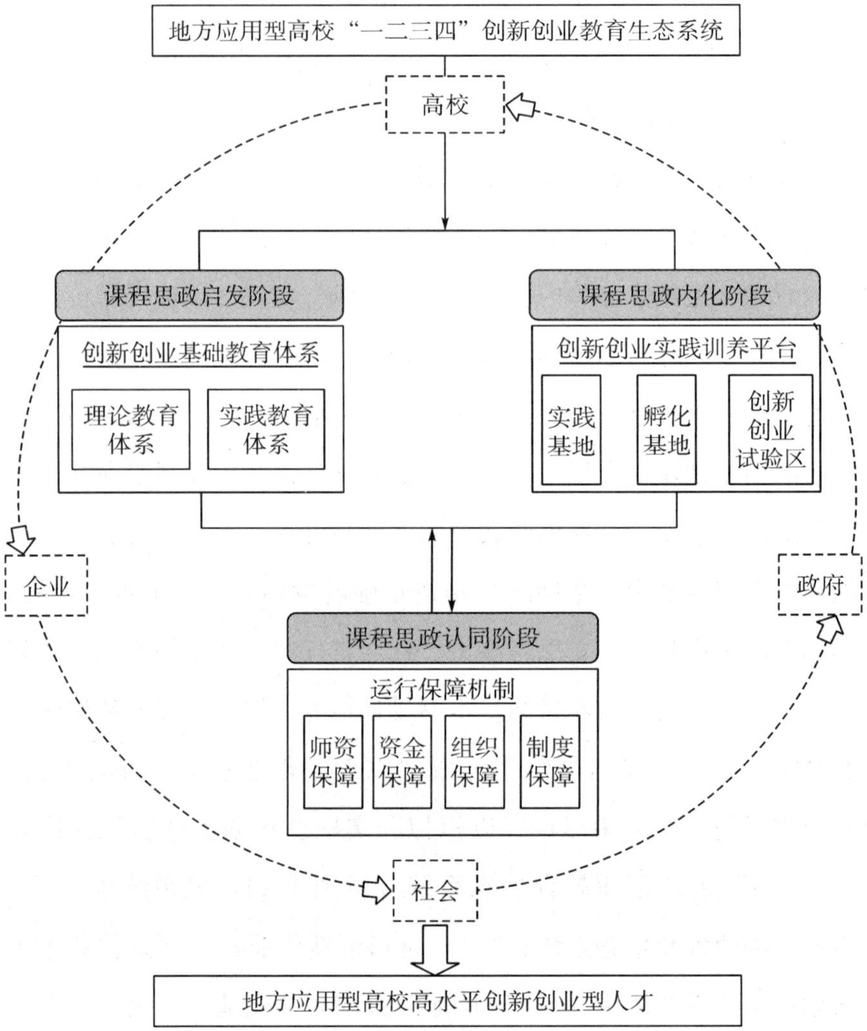

图 1.1　地方应用型高校创新创业教育生态系统的总体框架

2. 完善两大创新创业基础教育体系——创新创业理论教育体系和实践教育体系

创新创业基础教育体系包括理论教育和实践教育两个体系，根据地方应用型高校大学生创新创业培养和教育的目标、需求，高校在借鉴、吸收、整合的基础上，通过开展精品课程群建设，优化重组，从而形成以创新创业通识课程为基础，以创新专业课程和创业技能课程为提升的地方应用型高校创新创业理论教育体系；以学生创新创业能力培养为核心，结合我们在大学生科技创新教育和创业教育工作中的有益尝试，通过借助创新科研训练、大学生科技竞赛、创新认知实验、创业素质实训和创业虚拟仿真等实践教育平台来培养学生的创新思维、创业能力，形成创新创业的实践教育体系，实现知识向能力的转化，从而夯实地方应用型高校创新创业的基础教育环节。

在完善两大创新创业基础教育体系中，创新创业理论教育体系和实践教育体系与课程思政的有机融合是重要的组成部分，主要思路是：课程思政启发阶段融入创新创业理论教育体系，课程思政内化阶段融入创新创业实践教育体系。

3. 构建创新创业实践教学平台，实现创新创业实践全面“落地”

在认真总结目前我国大学生创新创业教育现状及经验教训的基础上，本书借鉴国内外大学生创新创业教育相关研究成果，结合德州学院在大学生科技创新教育和创业教育工作中的有益尝试，搭建以创新创业实践基地、大学生创业孵化基地和大学生创业教育创新试验区为支撑的创新创业实践平台，从而完成创新创业意识培养、新产品研发与制造、实用新型技术开发与设计、创业企业规划、商业模式开发与设计、创业企业开办与孵化和创业企业运营等实践教学任务，使大学生的创新创业进入实战操作，既强化了实践教学的有效性，又切实解决了创新创业教育实践环节的落地问题。

4. 建立完善的创新创业教育保障机制，确保创新创业教育培养目标的实现

完善的创新创业教育保障机制主要包括资金保障机制、师资保障机制、组织机构保障机制和创新创业成果评价机制。在资金保障机制中，

高校通过校地融合、校企合作、大学生创业谷等多种渠道和平台，加大对创新创业实践基地、大学生创业孵化基地和大学生创业教育创新试验区的投入，设立专门基金对创新创业学生和教师予以扶持和奖励。在师资保障机制方面，高校通过定期参加国家、省创业教育师资培训、深入企业调研和体验来提高现有创新创业师资水平或培养创新创业教师，或直接从知名的企业外聘富有创业实践经验的创业指导师，从而以高水平的师资队伍来保障高质量的创新创业教育。在组织机构保障机制中，在校级层面，高校组织设立由多部门和学院组成的学校创新创业工作领导机构，在校内设置专门的创新创业教育管理职能部门，学校创新创业工作领导机构办公室设在创新创业管理职能部门。例如，德州学院已设置的创新创业学院下设如教学与研究部、实践与运营部，有效解决了学校创新创业工作各自为战或机构职能重叠以及职责不明的问题，通过建立科学完备的管理机制，切实推进创新创业教育在学校的有序开展。在创新创业成果评价机制中，高校首先确立创新创业成果的评价指标体系、评价方法和评价制度，及时准确对高校的创新创业成果进行客观评价，并根据评价结果给予相应的扶持和政策支持，促进创新创业成果转化的同时，激发大学生从事创新创业的热情，助推学生成功创业直至顺利就业，促进地方应用型高校创新创业教育的不断深化和推广应用。

在创新创业教育体系与课程思政的有机融合中，我们要将完善的创新创业教育保障机制与课程思政认同阶段相融合，从而使课程思政建设有机融入创新创业教育生态系统全过程、全领域。

（四）高校创新创业生态系统构建的成功实践

本部分在前面构建地方应用型高校创新创业教育生态系统的基础上，结合德州学院的实践，一方面对实践进行总结分析，另一方面通过对成功实践的总结验证上一章所构建的理论框架。

本部分首先总结了德州学院创新创业教育生态系统取得成功的原因，主要来自以下 4 个方面。

1. 创新创业教育生态系统的坚实基础——结构合理、专业性强的创新创业师资队伍

德州学院吸纳具有良好创业实践背景的成功企业家加入学校创新创业教育专家库，组建专业化的师资队伍；对教师进行分层级立体化培训，打造校内过硬的创新创业师资队伍；与地方人力资源和社会保障部门合作，协同推进创新创业和大学生就业。

2. 课程思政与大学生创新创业教育教学全过程的有机融合

德州学院深入推进创新创业教育系列教材建设，凸显价值塑造、知识传授、能力培养三位一体的人才培养目标；不断完善课程建设，将课程思政教学设计有机融入创新创业教育教学全过程；精心设计有针对性的创新创业教育课程思政建设方案。

3. 创新创业教育成效助力创新创业教育生态系统的完善

德州学院为了不断完善创新创业教育生态系统，更好地推动学校的创新创业教育，课题组试图通过多种形式对学校开展创新创业教育，面向教师、学生进行调查了解和分析，及时跟进开展情况和效果，为创新创业教育生态系统的进一步完善提供了有价值的参考。

4. 创新创业实践平台助力创新创业教育生态系统落地

德州学院引进创业型企业入驻，带动大学生创业；每年遴选大学生创业项目入驻创业谷并进行孵化；帮助大学生的创业项目注册公司使其进入实质性创业。

最后，本书通过德州学院 5 位学生的成长案例展现德州学院创新创业教育生态系统应用的成果。

第三节　研究方法及研究思路

一、研究方法

第一，本书运用系统论理论工具，结合社会调查数据，在文献研究的基础上，准确定位地方应用型高校创新创业教育人才培养目标，根据培养目标诉求，构建地方应用型高校“一二三四”创新创业教育生态系统理论模型。

第二，本书运用文献研究法，在总结国内外创新创业理论教育经验的基础上，通过对社会调查数据的分析，准确把握当前地方应用型高校创新创业教育理论课程实施现状和存在的问题。

第三，本书运用社会调查与问卷调查法，准确把握地方应用型高校创新创业实践的具体实施途径和已建立的保障机制，总结经验，重新设计适应地方应用型高校特点的创新创业实践落地平台和保障机制，进而解决创新创业教育实践“落地”难的关键问题。

第四，本书采用实践检验方法，将构建的“一二三四”创新创业教育生态系统理论模型运用于创新创业实践，不断完善地方应用型高校创新创业教育体系，并根据实践结果进行分析和对比研究，提高地方应用型高校“一二三四”创新创业教育体系的可行性和科学性，为转型后的地方应用型高校创新创业教育的开展提供指导和借鉴。

二、研究思路

首先，本书通过文献研究法对国内外高校创新创业教育生态系统、模式研究进行梳理，提出国内高校现有创新创业教育存在的问题，进而采用组织团队开展理论研究的方法，设计地方应用型高校“一二三四”创新创业教育生态系统框架，确定主要的子系统和各子系统具体构成要素。其次，本书运用系统论结构方法，根据地方应用型高校特点，结合专业教育现状，重构“一二三四”创新创业教育生态系统理论框架，构建以创新教育体系和创业教育体系为两翼，以创新创业实践基地、大学生创业孵化基地和大学生创业教育创新试验区为实践落地三大平台，以组织机构保障机制、师资保障机制、资金保障机制和创新创业成果评价机制为四个保障的全新的地方应用型高校创新创业教育系统模型，初步完成地方应用型高校创新创业教育生态系统的设计工作。最后，本书将所设计的创新创业教育生态系统在实践中进行应用检验，依据学生、政府机构、参与企业、社会组织等利益相关者的接受程度和反馈问题进行修订完善，最终形成系统科学的地方应用型高校“一二三四”创新创业教育生态系统理论模型。

第二章　地方应用型高校创新创业教育生态系统的理论基础

创新创业教育生态系统是一个较为复杂的概念，既涉及生态系统的概念，又涉及创新创业以及创业教育的核心内容。为此，本章节将分别从三个方面对相关研究进行梳理。

第一节　生态系统理论

生态系统指在自然界一定的空间内生物与环境构成的统一整体。在这个统一整体中，生物与环境之间相互影响、相互制约，并在一定时期内处于相对稳定的动态平衡状态。

1935 年，英国生态学家亚瑟·乔治·坦斯利爵士（Arthur George Tansley）明确提出生态系统的概念。他认为，生态系统的基础概念是整个系统，包括了有机体的复杂成分，以及我们称之为环境的物理要素的复杂成分，通过这些复杂成分共同构成一个物理体系。这些生态系统具有不同的种类和大小，它们在宇宙中是多种多样的，囊括了从宇宙整体到原子物理系统中的一种类型。

近20年来，生态系统概念已经超越其原先的自然科学领域，逐渐向社会学、经济学、管理学、政治学、教育学等社会科学领域全面渗透。生态系统概念之所以如此流行，是因为研究人员开始从整体的、系统的、动态的视角全面检视个体与组织、对象与环境、行为者与行为者之间各类活动的相互依赖性。与之相适应，学者们提出了不同的更为具体的生态系统概念，如社会生态系统、组织生态系统、商业生态系统、政治生态系统、教育生态系统等。

关于创业和创新，学者们还提出了知识、创业和创新生态系统。知识生态系统源于集群概念，如大学和公共研究组织形成的集群网络。创业生态系统通过结合社会、政治、经济和文化元素来支持特定领域的创新和创业精神的发展。创新生态系统被定义为促进技术和创新发展的行动者和实体之间的复杂关系。这样的生态系统也是一个由动态的人、组织、实体集群或围绕项目的虚拟创新活动构成的网络。

在社会科学相关领域中，生态系统的理论视角则把人类的发展看作是人与环境中的各种因素之间相互作用实现的。在这种生态系统视角下，研究者需要既考察生态系统的内部因素，也考察其外部因素。并且认为，人类与环境之间的作用并不是被动的反应，而是主动适应与调整的结果。因此，社会工作的本质就是对人、自然和社会环境间的功能失调问题进行处理，从而达到强化能力、整合治疗和改变问题的目的。因此，社会学视角下的生态系统理论主张，只有从个人和其所在环境中的不同层次之间的关联系统切入，才能更好地理解个人在家庭、团体、组织及社区的社会生活中所发挥的功能。而对于个人所在的各个系统层次，生态系统理论认为其有一个层层相扣的巢状结构，大致包括四个层次和三个系统。这三个系统中的第一个是微观系统。所谓微观系统，是指一个人，在亲密情境下的人际关系活动形态与角色扮演，它包括了影响个人的生物、心理和社会系统。第二个是中观系统，这个系统是指对个人有影响的小群体，包括家庭、工作群体和社会群体。中观系统又可以分为两个层次：一是中间系统，即两个以上的系统间所发生的关联，如一个人的“家庭和工作单位”；二是外在系统，即两个以上的关联系统，在同一个间接的外在系统中发生关联，如孩子的学校。这些系统的关联构成一个在个体所处微观系统之外的中观系统。第三个是宏观系统，这一系统是指比家庭等中观系统更大的群体和系统。影响个人的四个最为重要的宏观系统是组织、机构、社区和文化。各系统层次在更宏观的文化环境和社会环境中发生关联，很多微观和中观层次的行为都需要干预其所在的宏观环境。

在组织科学领域，阿德纳（Adner，2017）从两种视角将生态系统定义为从属关系和结构。从属关系将系统视为由其网络和平台从属关系所定义的相关行动者的共同体。为了进一步解释生态系统的从属关系，伊安西蒂和莱文（Iansiti & Levien，2004）指出，商业网络是一个系统中的参与者相互依赖的生态系统，强调了相互依赖的重要性和生态系统中共生的可能性。这个观点的焦点是合作伙伴的数量、网络的密度和行动者在网络中的位置。这种生态系统更适用于医疗行业和初创企业，不太注重价值创造。结构从价值主张和寻求认同出发，由行动者交互地形成主张。在这种观点中，生态系统是由多边合作伙伴集合的结盟结构定义的，这些合作伙伴需要相互作用，以便实现一个重点的价值主张。

从以上的文献梳理可以看出，无论是自然生态系统还是社会生态系统，其都具有一些共有的基本特征，这些特征主要包括：生态系统是由一些相互发生作用的行为者及其外部环境所组成，这些行为者与环境之间通常具有一定的层级关系，更为关键的是从系统的视角来看，需要特别注重行为者或者系统中要素与外部环境的相互作用关系。

第二节　创新创业生态系统理论

创新创业生态系统是伴随着创新活动在社会经济发展中所发挥作用的凸显，诸如“大智移云”等新兴技术在社会经济各个领域广泛应用，各种新产业、新行业、新业态和新模式不断涌现，是应运而生的新概念。当前学术界对于什么是创新创业生态系统，创新创业生态系统的构成元素包括哪些，这一系统究竟如何运行等关键问题尚未形成统一的认识，但是关于创业生态系统和创新生态系统的相关研究已经相当丰富。本节内容将对创业生态系统、创新生态系统及对两者进行整合、融合的创新创业生态系统相关研究进行阐释。

一、创新创业生态系统概念

近年来，创业生态系统成为一个充满活力的研究领域，并在世界各地受到了越来越多的学者和当代政策制定者的关注（Mason & Brown，2014；经济合作与发展组织，2013 年；Stangler & Bell - Masterson，2015）。尽管我们在这一课题上已经做了大量的学术和实践导向的工作，但创业生态系统的文献仍然缺乏强大的理论基础。现有的关于创业生态系统的文献往往从多个理论透镜中涵盖不同的方面，如创新螺旋和包容性增长、国家创业体系（Acs，2014），大学、产业和政府之间的互动（Etkowitz，2008），等等。关于创业生态系统，学界有多种观点。

科恩（Cohen，2006）是第一个使用创业生态系统概念的人，并将其定义为“一个地方性的地理社区中相互关联的行为者群体，他们致力于通过支持和发展新的可持续企业以实现可持续的发展”。相比创业生态系统，出现创业系统的概念的时间要早得多。但是根据阿尔维达莱纳和博什马（Alvedalena & Boschma，2017）的研究，学者们对这二者并没有进行非常严格的区分。在很多时候，人们都是将二者混用的。创造新的机会被认为是创业系统的关键。创业生态系统是一个社会构建的系统，它既包括行动者，也包括机构。创业生态系统的概念因不同的理论取向而有所不同。梅森和布朗（2014）将创业生态系统定义为：一组相互关联的创业行为者（包括潜在的和现有的）、创业组织（如公司、风险投资、商业天使、银行）、机构（大学、公共部门机构、金融机构）和创业过程（如业务出生率、高增长公司的数量、创业水平、连续创业者、企业和企业家的抱负水平）。斯塔姆和斯皮格尔（Stam & Spigel，2017）将创业生态系统定义为“一组相互依存的行为者和因素，以使它们能够在特定领域内进行生产性创业”。梅森和布朗（Mason & Brown，2014）以更详细的方式定义了创业生态系统：一组相互关联的创业者（潜在的和现有的）、创业组织（如公司、风险资本家、商业天使、银行）、机构（大学、公共部门机构、金融机构）和创业过程（如新建企业比率、高增长公司数量、“杰出企业家”的水平、企业内部的销售心态和创业抱负），这些因素正式或非正式地结合起来，在当地创业环境中连接、调解和管理业绩。该定义列出了文献中归属于创业生态系统的结构、动态和制度因素，但没有具体说明生态系统的结果。

创业生态系统是具有一定区域性的概念，受创业主体周边环境的影响，创业主体、创业对象及创业媒介是相互影响、相互成就的。经济合作与发展组织（OECD）地方经济和就业发展（LEED）倡议中的一个定义是由沃格尔（Voegel，2013）提出的：一个地理区域内的互动社区，由各种和相互依存的行动者（如企业家、机构和组织）和因素

（如市场、管制框架、支助环境、企业文化）组成，随时间而演变，其行动者和因素并存，相互作用，促进新的创业。卡瓦略（Carvalho，2010）等人认为创业生态系统包括一系列有形与无形的资源和行为者，他们通过一种相互依赖关系而产生重要的协同效应。新创企业的生成和支持机制，如加速器、孵化器、风投企业和天使投资等支持了新创企业生态系统。但更为需要关注的是培养一种鼓励和支持个体建立新企业的文化与环境（Salamazadeh，et al.，2017）。

创业生态系统需要具有一定的发展要素。世界经济论坛（WEF，2013）规定了创业生态系统的要素，提出创业生态系统应包括市场、文化、教育与培训、制度框架与基础设施、基金与金融、人力资本等要素。全球创业观察（Global Entrepreneurship Monitor，2014）则认为，创业生态系统的框架条件可包括融资渠道、政府政策、政府创业规划、创业教育、研发转移、商业和法律基础、市场开放性、物理基础设施以及文化和社会规范九个方面。

与创业生态系统的定义类似，创新生态系统也被认为是一个具有共生关系的经济共同体，是一个基于长期信任关系形成的松散而又相互关联的网络。一些学者提出，创新生态系统首先是一个群落，它拥有一个完善合作关系的创新支持体系。在这个群落内部，各个创新主体利用各自的异质性，与其他主体进行协同创新，实现价值的共同创造，并形成了相互依赖和共生演进的网络关系。具体而言，创新生态系统通常以企业为主体，通过吸纳科研院所、高等院校、政府组织、金融机构等中介服务组织，通过组织间的网络协作，深入整合技术、信息、人力、资本等创新要素，实现创新因子有效汇聚，为网络中各个主体带来价值创造，从而实现各个主体以及整个系统的可持续发展。

创新是创业系统的关键，高校及科研院所是原始创新的重要主体，本书所讲创业是基于创新基础进行的创业，在后文中创业生态系统均统称为创新创业生态系统。

二、创新创业生态系统的运作机制

除了对创新创业生态系统进行定义及对其所包含的要素进行研究，学界还非常关注创新创业生态系统究竟是如何运行的，即研究创新创业生态系统的运行机制。

斯塔姆（Stam）基于对荷兰创新创业生态系统的研究，综合现有相关研究文献总结出一个包含框架条件、系统条件以及这些条件对创业活动和价值创造的影响的三部分模型，这一模型如图 2.1 所示。

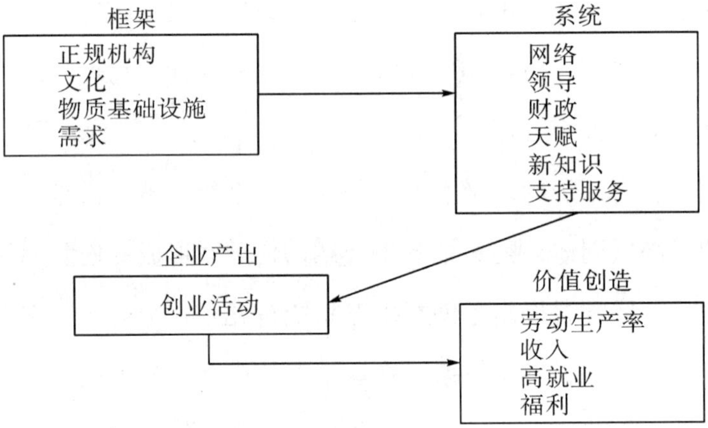

图 2.1　Stam 对生态系统配置定义的输入—输出关系

斯塔姆（Stam）认为，对现有观点的总结似乎是合理的，活动流程的顺序是一种事件链，开始于框架内，最终以价值创造而结束。然而，该模型的几个方面表明，它受经济政策参数的影响。例如，劳动生产率和更高的就业（见价值创造框）不太可能是大多数企业家的目标，尽管改善收入和福祉更可能成为企业家的动机。同样，框架内的文化和需求似乎也不是固定的因素，不是大多数企业家在业务框架内考虑的因素；文化不是一个固定的特征，在不同的文化甚至是多种文化中创业可以改变文化的特征；而需求与创业者提供的产品或服务以及将采用何种市场策略密切相关。

斯塔姆进一步阐明了他对创业生态系统的总结，即“创业生态系统是一组相互依赖的行动者，其治理方式使创业行动（产出）成为可能。创业行为是指个体追求创新机会的过程。创新涉及个体在社会中创造新的价值，这是创业生态系统的最终结果”。他开发了自己的模型，如图 2.2 所示。

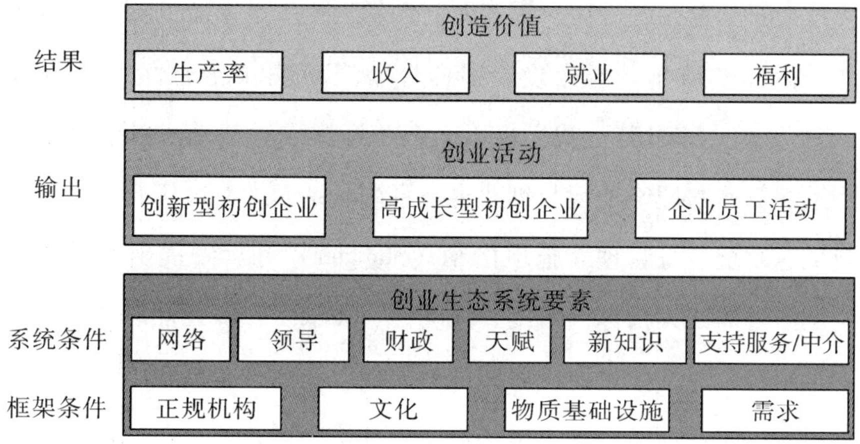

图 2.2　斯塔姆修订的创业生态系统（EE）概念模型

在这一框架中，创业生态系统被分解为框架条件（正式和非正式的机构，一般促进或限制人类互动的物理条件，特定的创业活动，对新价值的需求）和系统条件。系统条件包括了网络、领导力、金融、人才、新知识和支持服务/中介。这些系统条件相互作用，并受到框架条件的约束和激发。网络使创业生态系统内的劳动分工、信息和资本流动更加顺畅。领导力在创业生态系统中提供指导和榜样。这种领导力，即一组致力于本地区发展的企业家领袖的能力，对于建立和维持一个健康的生态系统至关重要。研究表明，获得资金的机会，特别是由懂得创业过程的行动者来提供，对于投资具有较长期回报的不确定的创业项目是至关重要的。而对于一个欣欣向荣的创业生态系统，最重要的是拥有一支多样化、技能娴熟的劳动力队伍，公营和私营组织的新知识和新型人才是创业机会的重要来源。最后，各种中介机构提供支助服务，可大大降低新的企业项目的进入壁垒，并缩短创新产品进入市场的时间。

三、创新创业生态系统的管理

考夫曼基金会的一项研究表明，创新创业生态系统的健康程度可以用四个指标来衡量，即密度、多样性、流动性和连通性（Stangler & Bell-Masterson, 2015）。我们将以上四个指标作为基础，同时将创业强度和组织双元的理论透镜与创业生态系统联系起来有助于合理地对创新创业生态系统进行管理。施坦格勒（Stangler）等学者提出衡量创业生态系统活力的四大指标：密度、流动性、关联度和多元性。其中，密度指的是年轻企业的数量比、雇佣人员比例以及高科技创业公司比例，流动性指人口流动性、劳动力市场流动以及快速增长型企业比例，关联度指项目和资源的关系、资产分配以及交易网络，多元性指经济产业多样化、移民人口比例以及经济流动度。这些指标对衡量创新创业教育与创业生态的匹配性有一定的参考价值。

基于国外相关学者对创新创业生态系统管理经验的借鉴，结合我国高校创新创业的实际，国内学者更加深化了对创新创业生态系统管理的研究。谢志远等（2018）认为，为了服务于我国产业升级、新旧动能转换等国家战略的进一步推进，创新创业生态系统应具备以下四个特点：一是参与主体的多元化，一个完整的创新创业生态系统应该包括企业、高等院校、科研机构、政府部门、社群组织和形形色色的创新创业者；二是服务于区域产业战略的发展需求，要以区域产业现状为构建基础，以科技发展要求为驱动，以地缘文化为依托，符合区域发展战略要求，通过深入调研当地市场状况，精准把握区域资源禀赋，以差异化发展构建完善的创新创业生态系统；三是具备自我调节和演进的能力，通过与区域战略发展和产业推进之间的相互协同，创新创业生态系统能够随环境的变化而进行自我调节，具备对产业发展的跟随、协同和前瞻预判能力；四是具备可持续发展的能力，以保证各主体间的紧密合作、协同发展、稳定运行和资源聚合，使得创新创业生态系统能够正常运转，发挥更大能量，反哺区域内创新能力的提升。

赵长伟等（2020）通过对粤苏浙鲁皖五省创新创业生态系统的比较研究，对五省提出了通过加快打造“四个体系”，进一步集聚创新资源，增强创新动能，释放创新活力，为实现高质量发展提供强劲支撑的政策建议。这四个体系分别是平台型企业引领的产业创新生态体系、更加高效协同的创新资源配置体系、以需求为导向的科技成果转化体系、更为优质精准的公共服务供给体系。王珍珍等（2019）分别对比了美国、德国和日本的政府、高校、企业、社会四个主体在创新创业生态系统中扮演的角色和发挥的功能，提出了促进创新创业生态系统发展的四项政策建议：①充分发挥政府的协调优化服务功能。政府需要在推进创新创业政策落地实施，提升行政服务效率，营造有利于实现科技成果转化的环境等方面发挥关键作用。②积极推进高校建设高质量的创新创业教育。高校一方面应坚持以人为本，全方位提升教学质量；另一方面要加大校企合作力度，有效对接社会需求。③推进企业创新链和产业链的深度融合。一是建立以市场为导向的科技创新链和创业链，二是强化企业创新创业教育的参与功能。④激发社会参与活力。一要鼓励社会形成创新创业的良好氛围，二要注意健全多元化融资渠道，三要不断完善中介服务机构。

辜胜阻等（2018）[①] 认为，打造我国“双创”升级版，关键是要进一步优化创新创业生态系统，打造创新创业要素栖息地，并提出以下建议：发挥大学及科研院所在创新源头上的作用，深化产、学、研合作，促进科技成果产业化；加强企业在创新创业中的主导作用，培育一批具有较强创新能力与领先优势的排头兵企业，推进大中小企业协同创新；构建科学合理、行之有效的创新创业人才激励机制，推动形成创新、创业、创富联动的“金三角”；完善“天使投资-VC-PE”创业股权投资链，鼓励更多“闲钱”进入实体经济，推动投资阶段前移，形成创新、创业、创投“铁三角”；积极探索制度创新，健全产权保护制度，完善创新创业容错机制，营造“创业能致富，创新致大富”的环境，通过构建“亲”“清”新型政商关系，培育“鼓励冒险、包容失败”的创新创业文化。

创新创业生态系统的完善需要良好的外部环境，政策的支持、顶层设计的完善、资源的有效整合以及高校作为创新创业主体性的充分发挥都起着重要的作用。如何更好地对创新创业生态系统进行管理，使其高效运行，需要多方要素的协同。

① 辜胜阻，余贤文，杨嵋.优化“双创”生态与实现“双创”升级的制度政策选择［J］.财经科学，2018，5：56-66.

第三节　创新创业教育生态系统理论

正如沈如茂等学者所认为的，创新创业教育是构建创新创业生态系统的微观层次，也是构成创新创业生态系统的五个基本要素之一。而只有形成了全社会都关注的创新创业教育生态系统，高校双创教育的发展才有基础。本节将从高校创新创业教育生态系统的定义、主体构成、运行机制以及保障机制方面，以学界相关学者对创新创业教育生态系统的观点阐述为基础，对相关研究进行系统梳理，以期达到对创新创业教育生态系统进行整体把握和认知的目的。

一、高校创新创业教育生态系统的定义

（一）创业教育的概念

要理解创新创业教育生态系统，我们有必要对创业教育的概念有一个基本的了解。近年来，创业教育作为一个新兴领域，越来越为人们所熟知，甚至在全球很多国家都掀起了创业教育的高潮。

然而在理论界，学者们对创业教育的定义并未达成共识，其中较为成熟，也是学者们比较认可的概念表述有以下几种：穆克什和皮莱（Mukesh & Pillai K，2020）认为，创业教育的正式定义体现了明显的二分法，即创业教育是作为提升学生创业意向的系统以及作为发展创业技能、知识和态度的工具。琼斯和英格利希（Jones & English，2004）则将创业教育定义为“一个过程，其包括对如何识别机会的指导、概念的商业化、面对风险时的资源配置和筹建一个企业。”贝（Bae，2014）等人将创业教育视为一个传递系统，用于开发“拥有或启动专注于提

升创业意图和潜力的业务的愿望”。而法约尔和盖利（Fayolle & Gailly，2009）则给出了较为容易理解的定义，他们认为创业教育是旨在培养创业思维、态度和技能的活动，涵盖了许多方面，如创意产生、创建新的企业、企业的成长和创新等。斯坦布里斯和巴拉斯（Stamboulis & Barlas，2014）认为，创业教育不仅仅是服务于创业发展的目的，它同时是一种丰富学生态度和特质的工具，而这些态度和特质是学生面对创业持续发展的不确定性所需要的。

从各位学者对创业教育概念的阐述可知，创业教育在更广泛意义上的作用是让学生们认识到创业是人生中的一段漫长旅程，而高校是创业教育不可分割的一部分，因此，在创业教育的背景下理解高校创新创业教育生态系统是至关重要的。

此外，相关研究还聚焦于理解创业教育中不同利益相关者的结构和实际实践。学者们主要针对创业教育是如何通过培训和孵化在高等学校展开进行探讨，创业教育涉及不同的利益相关者，如大学、学者、政府机构和其他商业组织。然而，学者们在研究过程中发现，高等教育机构生态系统因国别而异，存在很大的异质性。相对于以前相对分离的视角，近期的相关研究已经开始关注如何将创业教育和高等教育进行综合。在这种观点的推动下，创新创业教育生态系统观迅速成为研究的新方向。

（二）高校对创业教育生态系统的推动作用

费特斯（Fetters）等人于2010年提出基于大学的创业生态系统概念，使得创新创业教育生态系统逐渐被学者们所关注。他们认为大学是全世界经济发展的中心，提供了创业社群所需的基础设施、资源和方法，创业生态系统是通过知识和创新的专业化来演化和扩展的。他们还认为，创业生态系统的必要维度包括治理、创新、基础设施和文化，基于大学的创业生态系统包括多个层级，即个体（学生、教师、行政人员、实践者和管理者）、群体（教师与学生）、组织（孵化器、中心）、事件和社群的利益相关者（政府、政策制定者、产业、资助者）。这一生态系统的核心是内部创业活动，围绕着主要课程、辅助课程和研究活动展开。

尤科维奇（Yoskovitz）则在此概念的基础上突出了高校和教育系统对创业行为的影响力，认为高校在培养创业者的过程中，不单是传授创业知识以及相关的商业理念，在实践过程中产生的知识溢出价值和教师的科研副产品能够成为学生或者企业创业项目的灵感来源。也有学者认为研究创业教育需要考虑包括三个维度的创业系统：课堂创业课程、课外创业项目以及支持性基础设施。第一个维度包括毕业生和研究生项目，其目的为展现支持“干中学”的方法和实践；第二个维度则涉及一系列国家、国际或区域项目，以提升大学中的创业活动的影响力，这涉及学生志愿者和教师；第三个维度是高校和地区支持创业的机构，如知识转移办公室等。

布拉什（Brush）的研究对创业教育生态系统的发展具有重要的推动作用。他认为高校在区域创业生态系统中具有重要的作用，高校内部的创业教育实践扮演着关键角色，高校创业教育内部创业教育生态系统涉及创业课程、辅助课程活动以及研究三个领域，包括基础设施、利益相关者、文化以及资源四个维度（见图 2.3）。比肖夫（Kathrin Bischoff）等人则在调查研究的基础上，对布拉什的研究进行了细化，总结出高校创业教育生态系统中 12 个主要的利益相关者，包括企业家、公司、金融机构、服务提供商、孵化器与加速器、学生组织、校友、高等教育机构、科技园区、政府组织、非政府组织和其他组织。

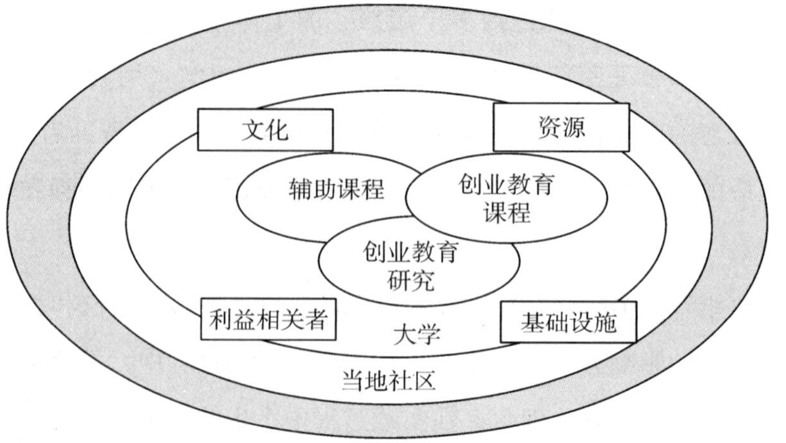

图 2.3 大学内部创业教育生态系统（Brush，2014）

（三）高校创新创业教育生态系统的概念

对于高校创新创业教育生态系统这一概念，相关学者从不同角度对其进行了相关阐释。譬如，刘振亚认为，高校创新创业教育生态系统一般指创业主体大学生与各生态因子之间通过信息流动、激励保障、辐射带动等相互作用、相互依存所构成的统一体。

邵立杰认为，所谓高校创新创业教育生态系统，是指把高校的创新创业教育作为研究对象，聚焦在一定的空间和时间内，把不同的创业参与者联系起来，通过创业教育支撑环境的协同作用以及信息的交流和共享，将其打造成一个动态循环的有机整体。在这个生态系统中，创业教育生态系统的主体是大学生，而影响创业教育的各元素是系统的生态因子。

另外，也有学者从生物学意义上的生态系统理论出发，认为创业教育生态系统是多方（如政府机构、高等院校、企业组织、社会群体等）共同参与的一种复杂系统，同样存在类似生态系统中不同组分的角色、等级和功能划分。

根据生态学和系统学理论，杜栋和洪璟玥（2018）对高校创新创业教育生态系统做如下描述。首先，高校创新创业教育生态系统是一个生态系统。这体现在两个方面：一方面，在高校创新创业教育生态系统中，内部主体要素与外部支撑环境之间进行着不断的关联与调试；另一方面，系统内部的要素与要素之间，以及内部要素与外部环境之间，也在进行着信息、物质、能量等的交流，从而使整个系统形成一个动态运动、不断平衡的整体。其次，高校创新创业教育生态系统是一个多元整体，包括高校创新创业生态系统群落和支撑环境两大块。其中，生态系统群落包括三类种群，即实施创新创业的产业组织、政府机构以及高等教育科研机构；而其生态系统的支撑环境主要包括经济环境、科技和文化环境、自然资源与生态环境。再次，高校创新创业教育生态系统是以互动形式联系的。创新创业生态系统中的各个主体，尽管保持着其自身的异质性，但其却非孤立存在的，而是在各个主体之间保持了相互制约、相互促进、相互激发、相互影响的关系。正是在这种互动关系的作用下，我们实现了整个系统的动态发展。最后，高校创新创业教育生态系统强调动态均衡的特性。高校创新创业生态系统中的各个要素保持着相互作用的关系，但这种作用并非杂乱无序的，而是一种有机的、均衡的联系和作用，在不断动态变换的作用关系中体现着均衡的特性。而正是这种均衡才使得各个要素平稳共存、有序发展，并使得整个系统达成与外部环境的协同一致与柔性适应。

二、高校创新创业教育生态系统的主体构成

国内外学者从不同视角对高校创新创业教育生态系统的主体构成进行了相关研究，其中具有一定代表性的主要有以下几种观点。

麻省理工学院（MIT）的创业生态系统构成要素可概括为项目和中心、创业教育、学生社团。百森商学院的伊森伯格（Isenberg）教授提出，创业生态系统由政策法规、金融资本、创业文化、基础设施、人力

资本和可触市场六个要素组成，然后把每个领域进一步细分，形成几十个基础因子（见图 2.4）。

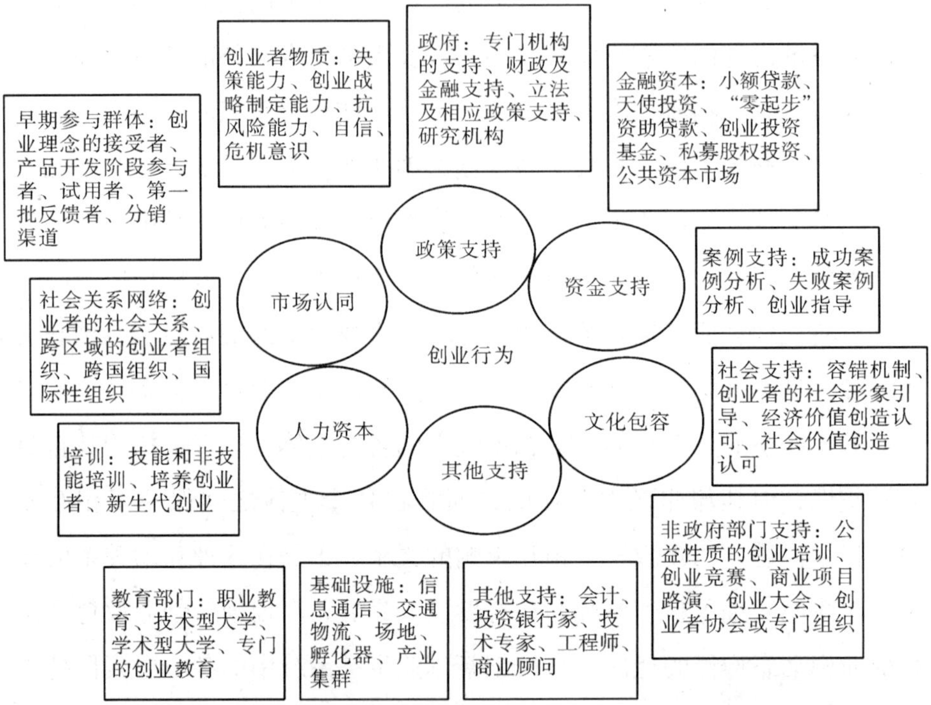

图 2.4　伊森伯格教授的创业生态系统构成

斯坦福大学的创业生态系统在某种程度上可以看作一种自然生态系统，它由土壤、水分、空气、阳光及其他无生命物质等构成。在这个生态系统中，土壤代表其办学理念，空气和水分则代表课程体系，而阳光代表各种政策与制度。

不同类型的高校需立足自身实际，开展各具特色的创新创业教育。我国学者陈基根、朱晓菊（2018）基于地方高校的创新创业教育，提出创新创业教育生态系统的核心应该是创新创业的教育课程和创新创业的实践应用，而对于实践平台的建设以及相应的保障机制和运行机制的建立，则需要高校协调社会、地方政府、企业以及社群组织共同完成。

在此基础上，他们提出了分层分类的创新创业教育课程体系，以及“一核心二导向三能力四层次五协同”的创新创业实践体系。

徐小洲和倪好（2018）提出，创新创业教育生态系统是一个整体，包含学校内部生态系统和学校外部生态系统两个部分。其中，学校内部系统包括创新创业教育的课程体系、师资力量、实践教育与平台等，而学校外部生态系统包括创新型企业、政府机构、中介服务机构、非营利性组织等各类机构。

当然，我国当前对于高校创新创业教育生态系统方面的研究还存在许多不足之处。邵立杰（2018）从生态学的角度分析了我国高校创新创业教育生态系统存在的问题，认为我国学者在分析创新创业教育生态系统的构成要素方面存在一些问题：一方面是忽略了生态系统中市场因素的影响，另一方面则是忽略了行业协会这一创业参与主体在整个系统中发挥的作用。据此，他们将高校创新创业教育生态系统的主体确定为高校学生、高等院校、政府机构、创新企业、行业协会和创业支撑环境（社会），各主体之间关系如图 2.5 所示。

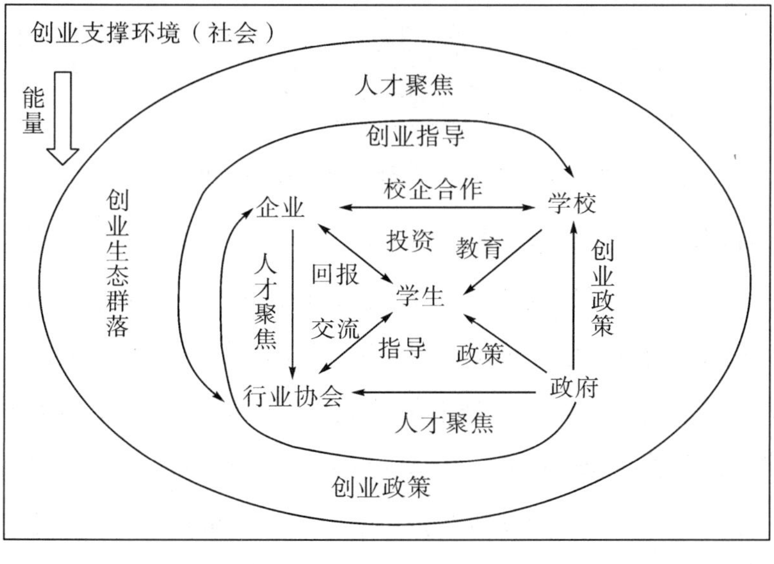

图 2.5　高校创业生态系统主体的构成（邵立杰，2018）

与个体的、技术驱动的创新模式不同，吴和林（Wu & Lin，2019）认为，教育创新需要强调整个生态系统，因为它不仅涉及学生和教师，还涉及学校、家长甚至政府机构。以学生为中心，以创新驱动学校系统的共同福祉为愿景，建立一个自组织的生态系统至关重要。生态系统必须是一个创新的有机体，具有互补的功能、多重的交互作用和信息流，从而促进所有参与者的共同创造和共同进化。

结合教育创业的特点、生态系统和平台创新的概念，吴和林（2019）提出了如图 2.6 所示的教育创新生态系统模型（ECOEI）。

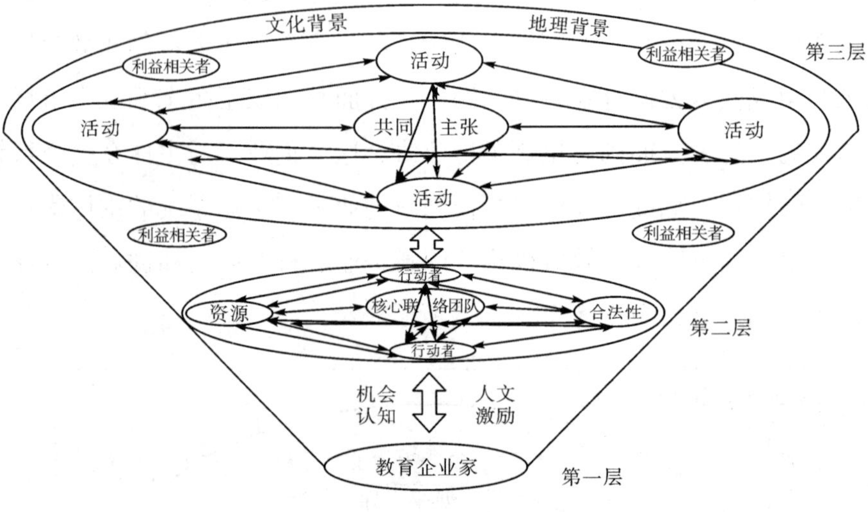

图 2.6　教育创新生态系统模型（ECOEI）

教育创新生态系统成长壮大的关键在于各组成部分的共同进化、共同创造和共生。为了实现这些目标，持续稳定的能量流被注入所有元素和整个生态系统中。下面依次简要说明 ECOEI 的各个组成部分。

第一层是教育企业家，是创新的创始者。第二层包括核心联络团队、资源、合法性和行动者。在第一层和第二层之间是机会认知和人文激励。这种认知和动机促使教育企业家组成一个重点团队，并建立一个中心，以获取关键的初始资源和行为者在生态系统中适当行动的合法性。第三层主要包括基于共享命题的各种活动，同时考虑所有利益相关者以及文化和地理背景。活动的规划是由焦点团队成员在核心中心进行的，要考虑诸如谁应该参与哪个阶段、在哪个阶段需要什么样的资源等问题。譬如，这是合法的吗？是文化背景促成的吗？如果没有，需要做些什么来改变企业文化？地理环境是障碍吗？如果是的话，如何把障碍变成优势呢？利益相关者会受到负面影响吗？

陈泽与黄宇（2019）提出，从自然生态系统的视角出发，一个完整的生态系统应当包括四个部分，分别是生产者、消费者、分解者以及非生物环境。在生态系统中，这四个部分一方面分别保持了其自身的独特功能；另一方面又在物质循环与能量流动中通过复杂的影响关系紧密合作，相互促进，相互依存，相互影响。在创新创业教育生态系统中同样如此，不同的行为者在创新创业教育生态系统中扮演着不同的角色，发挥着自身特有的功能；同时，这些行为者又在创业教育整个活动发生的过程中，通过信息、物质、能量的流通，产生着相互的作用和影响。与自然生态系统类似，创新创业教育生态系统也可划分成四种要素，具体如表 2. 1 所示。

表 2. 1　创新创业教育生态系统四大要素

类别	生态系统中的角色	主要成分
第一类要素	生产者	师资团队、课程体系等
第二类要素	消费者	学员、产业界及用人单位等
第三类要素	分解者	产业联络机构、技术转移组织等
第四类要素	非生物环境	创业政策环境、文化氛围等

创新创业教育生态系统中的第一类要素是指高校中的师资团队与课程体系，这类要素类似于自然生态系统中的生产者，在整个创业教育生态系统中处于核心的地位。其中，创业教育的课程体系是传输创业知识

的载体，是师资团队发挥作用的重要工具。而师资团队的职能是基于这一载体，将创新与创业知识传输给消费者，即生态系统中的第二类要素。创业教育的对象，类似于自然生态系统中的消费者，属于第二类要素，通常包括学员、产业界及用人单位等。创新创业教育生态系统中的第三类要素包括产业联络机构、技术转移组织等，类似于自然生态系统中的分解者，其主要功能在于转换创业与创新的知识和能量，同时进一步激发各类要素之间的联系，使其保持更为活跃的状态。创新创业教育生态系统中的第四类要素包括创业政策环境、文化氛围等，如创新与创业的政策和制度环境、创新与创业氛围、文化传统等，类似于自然生态系统中的非生物环境，其主要功能在于为创新创业行为提供更好的外部条件。据此，我们可以对创新创业教育的构成以及角色职能进行生态视角的分析。

三、高校创新创业教育生态系统的运行机制

正如徐小洲（2018）等学者所提出的，创新创业教育生态系统建设是一项复杂的整体工程，我们必须妥善处理整体发展与长远发展、理念创新与体制创新、共生意识与持续意识、竞争观念与共享观念之间的平衡关系。

对于高校创新创业教育生态系统具体运行的研究，邵立杰（2018）围绕学生、学校、企业、政府、行业协会和社会六个主体的作用路径进行详细论述，提出学生是生态系统的种子，学校是生态系统的培育师，企业是生态系统的土壤，政府是生态系统的肥料，行业协会是生态系统的优秀果实，社会是生态系统的水、阳光、空气。同时，为实现各部门创业教育资源的融通和共享，我们需构建协同创新机制。在校内主体协同方面，确定领导机构的权威地位；在校外主体协同方面，建立协同创

新制度。而这种协同创新的核心在于构建高校创业生态系统负责人制度，建立利益共享机制以及建立高校创业生态系统风险分担机制。

对于构建创新创业教育生态系统过程的研究，谢志远（2018）等学者认为，创新创业教育生态系统的构建过程本质上是不断聚合人力、物力、财力以及贯彻各种政策制度的过程，在这一过程中，各种要素相互合作、相互激发、协同共促、持续创新，最终达成产业结构不断升级、区域创新能力不断提升、地方经济持续增长的目标。

同时，构建创新创业教育生态系统的过程也是一个多方协同、互联互通的过程。其中，一方面，需要强调多种主体（校、政、产、研）的参与和协作，以实现生态系统中的资源共用、人才共育、价值共创、效益共享。这就要求我们不仅要关注多个层级，如宏观层级中国家战略区域化的引导、高校教育外部发展的规律、社会经济与社会问题的解决，中观层级中行业、产业、企业对创新的需求，微观层级中人才培养、师生共创、成果转化、新技术应用；而且要考虑多个环节的共同联结，包括知识产生环节、知识转移环节、知识溢出环节、知识应用环节等。

另一方面，还要强调如何激发和维持系统中多种行为主体与要素之间的协同作用，从而推动创新创业教育生态系统的可持续流畅运转。创新创业教育生态系统的构建需要遵循教育的本质属性与系统的基本运行和发展规律，那就是需要在系统中的不同空间层级、不同物质要素、不同行为主体之间构成动态演化、均衡发展的闭环结构；需要不断调整系统内部各个环节与角色的功能与结构，使其在协同创新和协作演化的过程中共享共治，通过自身调节、相互适应、协同推进、同步演化等多种机制，形成系统的内生性动力，在外部技术发展的推动下，最大程度激发利益相关者群体参与创新创业教育系统的意愿和积极性，以应用新技术为导向的创新创业教育生态系统见图 2. 7。

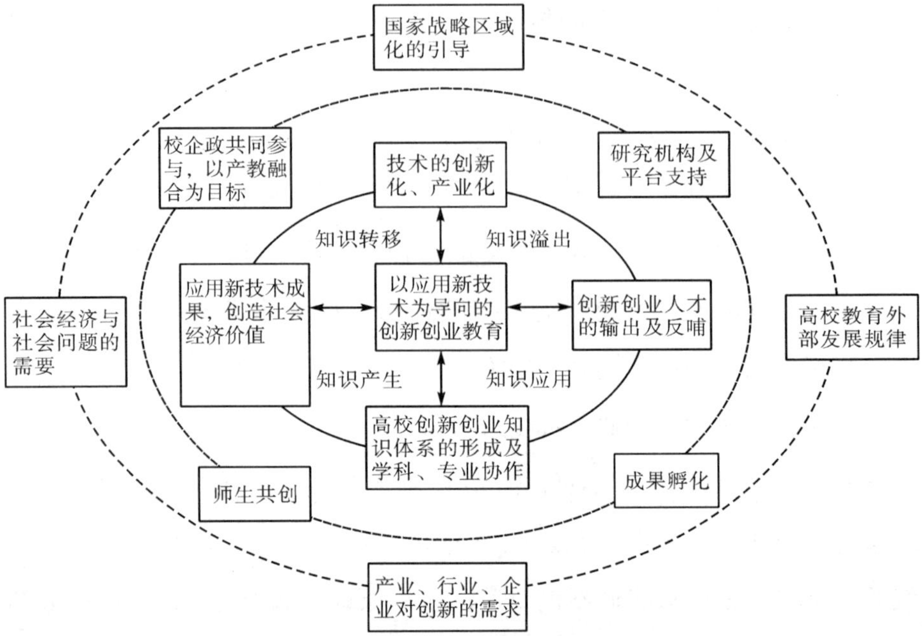

图 2.7　以应用新技术为导向的创新创业教育生态系统

高校需立足自身实际，开展具有自身特色的创新创业教育，譬如，陈基根和朱晓菊（2018）① 认为，研究型大学的定位是培养研究型人才，因而其创新创业教育的目的是促进新技术的开发、利用以及转化；教学型大学的定位是为社会培养应用型人才，因而其创新创业教育的目标为引导学生的专业应用和实践。地方性高校的定位和任务主要是为地方培养应用型人才，相应地，其创新与创业教育就应该更加突出对地方经济与社会发展的贡献，凸显高校服务地方的功能，紧密结合地方经济与社会发展的特色，实施创新与创业型人才培养。

鉴于此，地方高校创新创业教育生态系统应以创新创业教育课程和创新创业实践为核心，政府、企业、社会、高校多方协同共建创新创业

---

① 陈基根，朱晓菊．地方高校创新创业教育生态系统的构建与实践：以台州学院为例［J］．台州学院学报，2018，40（4）：61-64.

实践平台以及相应的保障机制和运行机制，从而推动其科学持续发展（见图 2.8）。

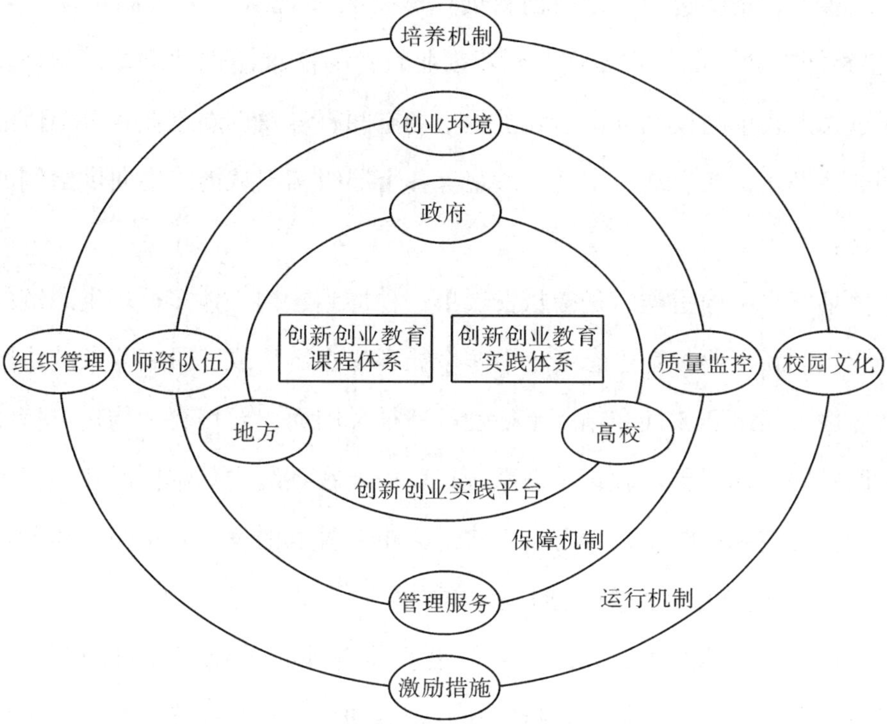

图 2.8　地方高校创新创业教育生态系统

对于创新创业教育生态系统的构建与演化机理，刘巧芝（2019）等学者运用系统学、生态学相关理论知识和结构框架分析界定了创业教育生态系统的内涵与特征。他们认为，创业教育生态系统的构建遵循了从局部协同到准生态化的选择过程，这一过程包括了以下四个维度。

第一，价值回归，是指个体价值与社会价值的双向融合。高等院校实施创新创业教育时应该充分把握好个体价值与社会价值之间的协同。一方面，创新创业教育需要满足受教育者个体的个性化需要；另一方面，创新创业教育也需要考虑整个行业、社会、区域经济发展的需要，要承担起促进产业结构升级、维护社会稳定的职责，实现对社会价值的事实关照。

第二，制度转向，是指创新创业教育要实现从“需求侧拉动”到“供给侧推动”的根本转变。创新创业教育的需求侧推动改革，就是要通过大力改革高校制度供给和扩大市场空间，激发创新创业各个个体的创造性潜能，在宏观、中观、微观等各个层级实现从需求侧向供给侧的转化。

第三，结构重塑，是指从发展单一种群到建构一体多循环生态链的转化。创新创业教育生态系统由多个循环生态链构成，具有复杂的协同共生性、动态开放性和循环平衡性等特征。因而，要培育和构建可持续健康发展的创新创业教育生态系统，就需要在系统内外部同时建立营养结构生态链和组织结构生态链，将过去单一种群的发展及单一主体的培育方式逐渐演化为多循环的生态链结构。

第四，环境共生，是指正式制度安排与非正式制度安排的互融互通。所谓正式制度安排，是指宏观、中观和微观政策指导下建立的硬件环境。所谓非正式制度安排，是指激发和鼓励创新与创业意愿和行为的文化传统、意识养成、环境氛围、软性环境等。在构建创新创业教育生态系统的过程中，我们需要努力实现正式制度安排与非正式制度安排的互通互融，从而激发和促进生物群落内部各主体之间共生关系的发展，实现整个教育生态系统的良性、可持续发展与循环。

对于以高校为核心的创新创业教育生态系统运行机制的研究，学界也取得了一定的成果，如秦斐和温珂（2018）① 以英国帝国理工学院为

---

① 秦斐，温珂．构建有效的高校创新创业生态系统：制度安排与动力机制［J］．科学学研究，2018，36（4）：601-608.

例展开的相关研究。他们认为，英国帝国理工学院之所以能够取得成功，是因为其在运行机制上最大程度解决了教育科研与商业两种不同行为逻辑之间的冲突。具体体现在以下三个维度：一是“机会”的维度，通过技术转移与知识转化功能，创造以“创新”支撑的“创业”机会。尽管创业机会有多种类型，但是一般总体上会分为技术驱动与市场驱动两大类型。以技术为驱动力是高校衍生企业最为重要的特征，但是，高校中诞生的创新性技术实现商业化的道路却十分漫长。尽管国外高校大都设立了技术转移办公室，但是在实现技术转移的绩效上存在很大差异。英国帝国理工学院的优秀表现在于其设立了两个高效的服务机构，一个是技术转移办公室的“帝国创新”，另一个是提供咨询与服务的“帝国咨询”。这两家机构作为英国帝国理工学院的全资附属机构，却以企业的形式进行运作，从而在制度上避免了高校教育逻辑和商业逻辑的冲突。二是“人”的维度，通过开展以科研为依托的创业教育，实现优秀创业人才的培育。高校的本质功能在于教育，创新创业教育生态系统因而与其他商业生态系统不同，其核心也不能偏离教育这一基本属性。但是，创业活动本质上又属于商业活动，需要遵循商业的逻辑。英国帝国理工学院通过强调创业理论基础培养与创业实践技能培养之间的平衡，有效调和了这一张力。三是“资源”的维度，通过投资和孵化功能，为初创企业提供全方位的资源支持。向有潜力的创业项目提供资源支持是英国帝国理工学院创新创业生态系统中的重要组成部分。资源支持主要通过两种形式实现，一是创业孵化，二是风险投资。英国帝国理工学院的技术转移机构——“帝国创新”拥有承担风险投资和技术转移的双重职能。作为一个从大学中分离出来的独立机构、上市公司，它采取了完全商业化的运作，进行了一种非常大胆的制度创新。该校在风险投资方面的卓越成绩也归功于“帝国创新”的高度专业化的运营。

正如秦斐和温珂的研究所揭示的，英国帝国理工学院创新创业生态系统成功的重要原因在于其较好地协调了教育逻辑与市场逻辑之间的冲突。刘俊苹等的研究选取了一种特殊的创新创业教育生态系统，即民办高校。与公办高校不同，民办高校本身就存在着较为严重的教育逻辑与市场逻辑的冲突本质，那么，在这种体系下，创新创业教育是否又具有了新的特征呢？刘俊苹等研究的黄河众创空间由民办院校——黄河科技学院组建，这一空间的定位为国内外教师和学生创新和创业的交流与实践平台，着力建造一个属于师生或科研人员的创新创业生态系统。这一系统在运行机制上具有以下特征：在平台建设方面，一是成立了创新教育集团和创新科技集团，形成集团化办学体制。二是建立了协同创新综合体，加快产学研协同机制创新。黄河科技学院打破原有的院系、专业界限，重新按照相关产业与专业方向整合研究机构、产业实体、行业学院等资源，搭建若干个有机融合的研发、产业、教学协同创新综合体。三是通过举办创新创业大赛，推动大学生加入创新创业行列中来，更好地培育创业孵化项目。在创新创业的人才培养方面，一是建立了国家职业技能鉴定站，对接行业标准，确保人才培养标准契合度。二是积极引入行业协会及相关企业单位，共同建设行业学院，提升人才的职业发展能力。三是通过企业收购、企业引进、校企联合建设等形式，共建多元化实战基地，增强人才培养岗位创新能力。在创新创业的科技产业协同方面，一是通过校企联合开展技术攻关，二是通过成果转化促进产业升级，三是搭建高层次学术平台。

四、高校创新创业教育生态系统的保障机制

针对高校创新创业教育生态系统的保障机制，杜栋、洪璟玥

（2018）提出了高校创新创业生态系统综合评价指标体系。这一指标体系基于三个原则，即开放性原则、整体性原则以及发展性原则。第一，开放性原则。高校创新创业教育生态系统评估也应以社会为导向，寻求各种资源和社会力量的参与；第二，整体性原则。在选择指标时，我们需要区分、交互、整合，以获得一个全面合理的指标体系；第三，发展性原则。高校创新创业教育生态系统综合评价指标体系的建立是一个循序渐进的发展过程，因而我们不应只注重当前状况，还要将未来预期作为重要依据。

依据这三个原则，他们从群落发展水平和环境支撑程度两个方面进行了指标体系的构建。其中，高校创新创业生态系统环境支撑程度（Y_1）由经济环境（X_1）、科技和文化环境（X_2）、自然资源和生态环境（X_3）三个一级指标以及10个从属的二级指标组成，高校创新创业生态群落发展水平（Y_2）由政府服务（X_4）、科教水平（X_5）、产业组织（X_6）三个一级指标以及11个从属的二级指标组成，由此组成了由6个一级指标和21个二级指标组成的综合评价体系。

从制度保障方面入手，秦斐和温珂（2018）分析了英国帝国理工学院获得优秀创新创业成果的原因，认为其根本在于通过制度安排，有效调和了高校教育逻辑与创业实践市场逻辑之间的冲突。秦斐和温珂进一步构建了英国帝国理工学院创新创业生态系统的模型（见图2.9）。他们提出了保障这一生态系统有效运作的三个命题：高校应在机会、人才和资源三个维度上，明确与之相应的核心活动；不同维度上的核心活动，须由相对独立、职能清晰的组织机构作为行为主体；针对每个行为主体，赋予最符合其核心活动应遵循逻辑的制度安排。

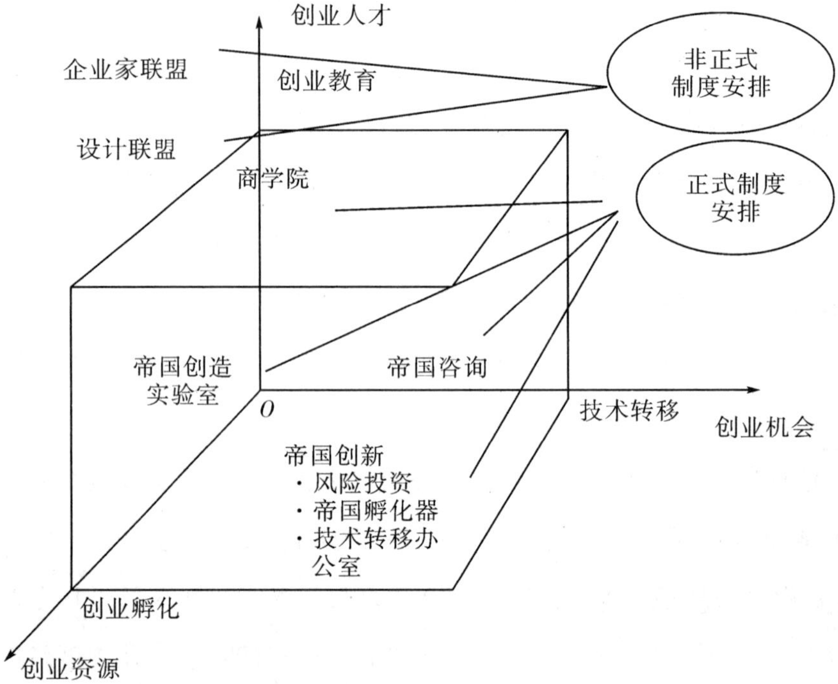

图 2.9　英国帝国理工学院创新创业生态系统的模型

第三章　地方应用型高校借鉴国内外创新创业教育生态系统的实践经验

第一节　构建创新创业教育生态系统的国外经验

一、美国百森商学院的创业教育生态系统

全球创业学领域的领导者美国百森商学院从其利益相关者的角度出发，定义了创业教育生态系统：一种带来创业革命的独特方法，其中涉及几个重要的原则。由于不存在包治百病的药方，生态系统必须适应当地的优势和劣势，并让创业的利益相关者参与到整个变革过程。这些利益相关者包括政府、大学、私营部门、家族企业、投资者、银行、企业家、社会领袖、研究中心、军方、劳工代表、学生、律师、合作社、公社、跨国公司、私人基金会、国际援助机构等任何有利于鼓励和支持一个国家或城市的企业家和企业。事实上，为了更有效地识别利益相关者，我们可以对生态系统进行描画，如图 3.1 所示。

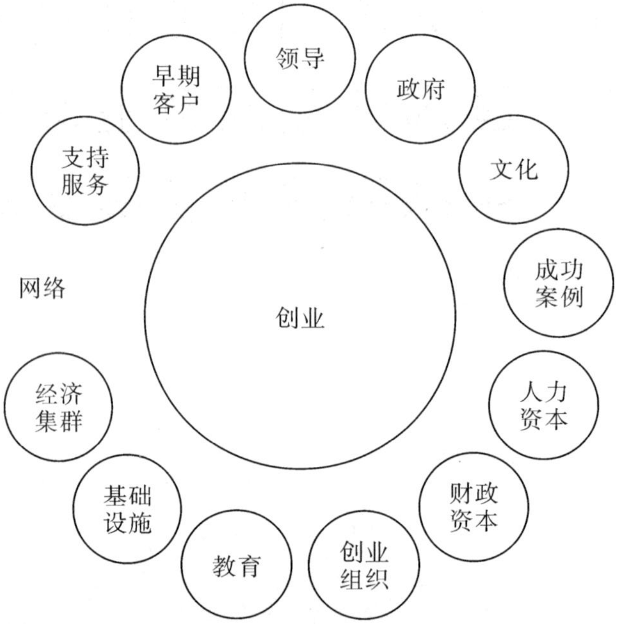

图 3.1　美国百森商学院的创业教育生态系统

虽然这些实体在帮助企业成功方面都发挥了作用，但与利益相关者的关系却难以想象。在创业生态系统的修订版中，美国百森商学院的丹尼尔·伊森伯格（Daniel Isenberg）教授将 13 个实体重组为以下六个不同的利益相关者活动/利益类别（见图 3.2）。

伊森伯格的模型更加强调以下外部环境：

（1）政府在研发、破产处理、合同执行、产权、劳工和税收等方面的投资和资金支持政策。

（2）反映人们偏好的社会规范，这与荷兰研究人员哈勒姆（Geert Hofstede）在 1967 年至 1973 年间通过比较人们感知到的和实际的民族信仰而收集到的研究结果非常相似。

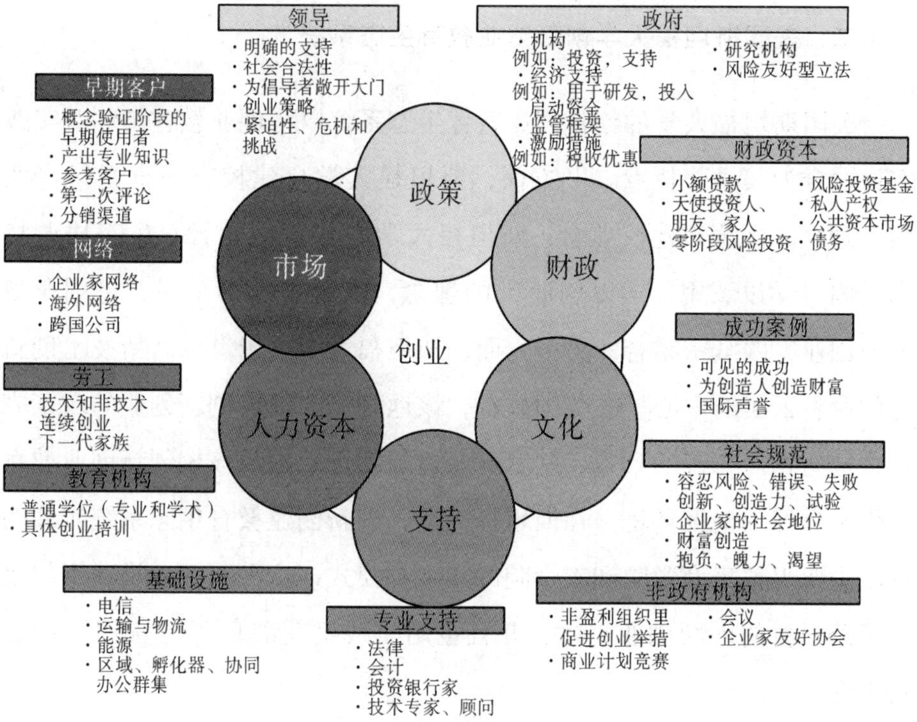

图 3.2　伊森伯格的创业教育生态系统

（3）辅助职业，辅助职业在一定程度上代表了一个国家的教育体系，同时也代表了政府的政策和社会规范。例如，尽管美国和日本都是发达国家，但美国从事法律职业人员的规模与日本（美国为 3 769 人/百万人，日本为 287 人/百万人）不同。

（4）基础设施的发展情况，其反映了国家的财富和政府的政策。

（5）教育机构和劳动力的基本情况，这可能对一个新企业能否生根产生积极或消极的影响，这些都受到政府政策的强烈影响。

（6）领导力和早期客户的基本情况，其与企业绩效直接相关，这两个领域实际上是大多数商学院课程的一部分。

二、美国斯坦福大学创新创业教育生态系统①

美国斯坦福大学的创新创业教育生态系统以将创业教育与创业实践密切融合为其显著特点。一方面，斯坦福大学自建校就一直奉行“实用”理念，围绕该建校理念，斯坦福大学的创新创业教育生态协调特别强调“学以致用、学以创业”的理念，以此理念为指引，将创业教育与创业实践紧密结合。另一方面，斯坦福大学位于世界高新技术创新与创业者云集的中心——美国硅谷，该地区关于促进创新创业的政策完善，这些相对完善的政策、制度所营造的创业氛围给该校创新创业教育提供了良好的制度环境。在斯坦福大学，创新创业教育生态系统实践的推动主要得益于商学院和工学院的双中心模式，这种双中心模式不仅培养了跨学科的创新创业人才，并且也用实践生动展现了“实用”的建校理念。

在斯坦福大学的创新创业教育生态系统中，其子系统——创业生态系统值得一提。斯坦福大学的创业生态系统像一个网络，该创业网络囊括了从创业人才培养到创业实践的各个环节，包括创业教育、创业活动、创业项目，其中，围绕创业项目，该创业网络还包括推动创业项目落地的创业孵化器与加速器等创业支撑项目。在具体实践中，创业网络将培养的创业人才输送给企业，接受创新创业教育的创业人才不仅带动企业的技术研发，并能进一步在创业孵化器与加速器的支撑下，促进新研发技术的产业化发展，从而实现成功的创业。创业的成功进一步引致对创新创业人才与技术研发等的需求，从而在创业网络中的创业教育、技术研发、技术产业化、创业项目支撑等之间形成良性反馈机制，强化

① 姚小玲，张雅婷. 美国斯坦福大学创新创业教育生态系统探究［J］. 山西大学学报（哲学社会科学版），2018，41（5）：122-127.

创业网络的稳定性。这样一个各组成部分之间良性互动、相互促进的创业网络培育了良好的创新创业精神，并使该创新创业精神在该创业网络内外蓬勃发展，不仅加快了新技术的研发，同时更激励了创业热情（见图 3.3）。

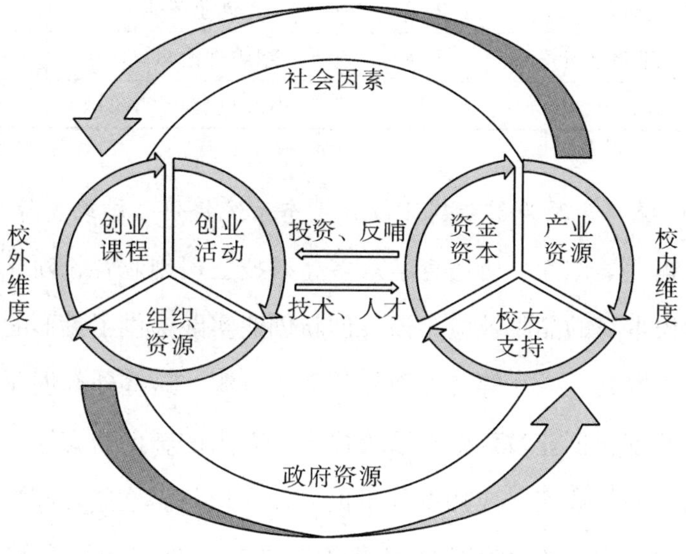

图 3.3 斯坦福大学的创新创业教育生态系统

该创新创业教育生态系统的特点主要表现为以下三个方面：

（一）校内创业教育为创新创业教育生态系统提供了基础性培育

创业的基础之一是具备创业理论与创业实践知识的创新创业人才，因此，创业人才的培育是创新创业教育生态系统的基础。在斯坦福大学的创业教育中，学校设立了从创业课程到课外创业活动的创业教育体系，使创业人才能够掌握基础的创业理论、具备基本的创业素质，这些课程的教学，由学校完善的创业教育组织机构实施，并结合学校提供的丰富资源。围绕创业需要具备的基础理论、基本素质，该校的创业课程涵盖了从科技创新领导力、财务会计到创业精神各个方面，具体教学方式方面既有产品导向型也有讲座论坛型。科学的创业教育体系实现了对创业生态系统的基础性培育，STVP 本科生创业教育课程见表 3.1。

表 3.1　STVP 本科生创业教育课程

课程名称	学分	课程名称	学分
科技创业领导力（A）	3~4	创新、创意与变革	3~4
科技创业领导力（B）	1~2	创造力守则	4
科技创业领导力（C）	2~3	创业精神	3
经理人及创业者会计学	3~4	组织理论和管理	4
财务会计概念与分析	2	创业思想领导者论坛	1

（二）校外资源为创新创业教育生态系统提供了辅助支撑

斯坦福大学作为一所培育了众多高科技公司创业者、领导者的世界名校，学校本身的品牌效应为该校创新创业实践提供了无形的、巨大的资源，包含资金、人才等各方面外部创业资源，这些外部创业资源为斯坦福大学的创新创业教育生态系统提供了有力的辅助与支撑，这也使得斯坦福大学的创业实践成功率处于世界领先地位。这些外部资源，一方面来源于学校本身作为优秀人才与智力的集中地对于资金与人才的吸引，另外一方面也得益于斯坦福大学处于硅谷的地理位置优势。硅谷作为高科技创新创业集中地，具有产业集聚的优势，无论是从人才、制度等软件资源方面，还是从基础设施等硬件资源方面，都聚集了创新创业领域的优势资源，靠近这些优秀资源，斯坦福大学的创业项目有着远超其他高等学校的孵化、培育平台。此外，来自斯坦福大学的校友支持也是该校创新创业教育生态系统的重要辅助支撑之一。

（三）校内外良性互动推动了整个创新创业教育生态系统的有效运转

从斯坦福大学的发展经验来看，校内与校外的良性互动是其整个创新与创业生态系统能够有效运转的关键。其中，斯坦福大学的各个职能机构发挥了巨大作用。其作用主要在于有效沟通了校内创业教育和校外各种重要资源，比如政府和社会，争取到了各种重要校外资源的支持，形成了动态平衡、协同发展的网络组织。而正是这个网络化组织将创新创业理论教育与实践环节中的各个要素有机统筹起来，促进了整个创新创业教育生态系统的有效运转。

除了职能机构发挥作用，斯坦福大学的创新创业意识与开放的大学精神也发挥了重要作用。正是这种精神和文化，使得斯坦福大学能够对自身在整个生态系统中所扮演的角色与发挥的功能，有一个清晰的认识和科学的定位，在此基础上该校采取了多种有效推进创新创业教育生态系统发展的策略与方法，保障了其整体效果的最大化。

三、美国麻省理工学院创新创业教育生态系统①

美国的麻省理工学院（MIT）是创业型大学的开创者之一，其在创新与创业教育方面享誉中外，由其提出和构建的“以大学为主导的学、官、产联合”的创新创业模式成为各个大学模仿与学习的典范。麻省理工学院率先提出了创业生态系统的概念，并将其与创新创业教育、学术创业以及各类基础学科教育紧密联结，这对麻省理工学院的创业教育发展产生了深远影响。

麻省理工学院的迪恩（Duun）教授最早提出了创业生态系统的概念。这一概念的核心思想在于在这一系统中，麻省理工学院的学生从其一个商业创意的产生到最后公司的发展壮大都能获得完善的配套体系的支持。与旧的只能依靠自身“单打独斗”相比，在这一系统中，学生能够使用与麻省理工学院相关的大量的创业资源，这包括以“创业”为主题的社区网站、创业大赛网站、企业论坛、创业俱乐部、创投指导服务中心、斯隆校友会等。

---

① 熊英，张俊杰．大学创业生态系统的构成与演化研究：基于麻省理工学院的案例［J］．中国地质大学学报（社会科学版），2018，18（6）：143-163.

麻省理工学院的创新创业教育生态系统以麻省理工学院为主导，包括了师生创业群体以及与创业相关的各类组织，如校友、企业、政府等（见图3.4）。这几类群体在系统中相互影响，维护整个系统的持续与健康发展。

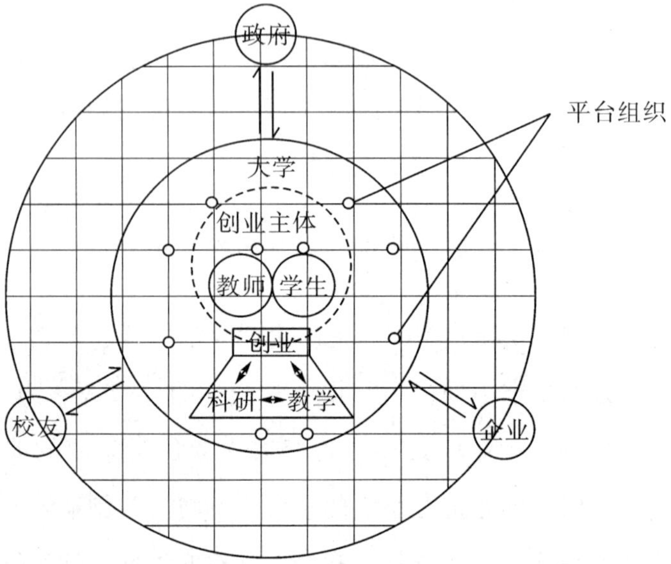

图3.4 MIT创业生态系统

麻省理工学院的创新创业教育生态系统主要包括内生系统与外生系统。所谓内生系统，是指在麻省理工学院内部由创业教育、创业实践与科技研发组成的系统。从系统的视角来看，以麻省理工学院为边界，在其内部存在着教师与学生这两类创业主体以及不同性质的服务机构。基于自身强大的研究能力，麻省理工学院利用自身的院系、研究机构等，再配以经验丰富的师资力量，为学生提供了完善的创业课程体系，从而达成创业知识的传授目标。这些构成了内生系统的主体。同时，在这一体系中还存在着大量的平台组织，如创业中心、企业论坛、校友会等。这些从麻省理工学院衍生出来的各种组织，在资金、技术、服务等方面发挥着重要的作用，将学院内部的创业主体与外部形形色色的利益相关者联系起来，形成了内嵌于创新创业教育生态系统中的网络。基于这种网络中的合作关系，该校不仅实现了校内各创业主体在跨越院系、专业和学科之间的合作，实现了价值共创，也帮助创业主体获取来自外部政府、社会、企业及各类组织的创业信息，提升了创业主体的绩效和成功率。与此同时，该校也实现了向社会、企业、政府等不同机构输送人才、信息、知识、技术的目的，扩大了大学创业功能与影响力。

所谓外生系统，是指由企业与政府组成的创新创业教育生态系统的外部环境。同时，这一系统又是更大的城市和区域创新创业教育生态系统的有机组成部分，其主要功能定位是经济生产组织和服务型组织。在这些组织中，校友会是一个特殊的群体。校友会群体通过“联合研究”“进入校园开设课程”等形式反馈母校，从而成为学校创新与创业精神的载体。在回馈母校的过程中，校友也可以在自身的创业及经营活动方面获得学校各种资源的帮助。因而，作为外生系统的重要因素之一，校友群落同时具备了知识与经济生产的双重身份。MIT 创新创业教育生态系统主体及功能分布如表 3.2 所示。

表 3.2　MIT 创新创业教育生态系统主体及功能分布

主体	生态型功能	组织功能	平台型功能
大学	生产者、分解者、催化剂	知识生产组织、联结组织和边界扩展	平台组织者、引领者、推动者
企业	消费者(主)、能源(辅)	经济生产组织	拉动者、资助者、平台用户
政府	能源(主)、消费者(辅)	辅助与支持性组织	资助者、拉动者、平台环境改善者
校友	生产者、分解者、能源、消费者	知识与经济生产组织	推动者、资助者、平台用户

四、瑞典隆德大学创新创业教育生态系统①

瑞典隆德大学与瑞典国内其他一些历史悠久大学的创新创业教育的共同点是，它们大都有一个专门的创业中心，主要依赖外部大型企业的参与。在创业教育的实践过程中，这些高校重视把创业理论教学、风险投资、研究成果转化以及知识产权服务等有机整合起来，以实现整个创业教育与实践的系统化。

隆德大学的创新创业教育的另一大特点是重视对区域发展的贡献。隆德大学本身就处于一个科技园附近，这就促成了大学与科技园区内众多研究院所、企业、孵化机构、服务机构的合作，提升了其在社会创业系统中的优势。隆德大学的创新创业教育生态系统的特色主要体现在以下九个方面：

（一）创业实践平台

创业实践平台是隆德大学创新创业教育的重要支撑，这一平台包括校内与校外两个部分，其校内平台是 SKJCE 创业中心，为学生提供关于创新创业的理论教学与实践；其校外平台是 IDEON 科学园，为接受创新创业教育的学生提供校外的创业实践机会。IDEON 科学园成立于 20 世纪 80 年代，由隆德大学与地方政府联合组建，并吸引到了众多的高科技企业、中介服务组织、金融服务机构的参与和支持，目前园区已经吸引到 900 多家企业入驻。SKJCE 创业中心的目标是要在国际合作领域和国家层面成为大学、企业界、商业家之间交流与合作的最活跃的平台。SKJCE 自己成立了孵化器 VentureLab，面向隆德大学内部的 8 个学院，吸纳有创业愿望的学生，已经成为学生实现创业梦想、开展创业活

① 胡天助. 瑞典隆德大学创业教育生态系统构建及其启示［J］. 中国高教研究，2018，8：87-93.

动的最好平台之一。

（二）创业教学模式

隆德大学的创业教育模式别具一格，被称为行动—反思法（action-reflection）。该创业教育模式的主要思想是以行动为导向，使学生在真正的创业行动中去学习和感悟创业，同时，要求学生在行动的过程中不断反思，以真正消化和吸收创业理论知识。

（三）创业课程体系

隆德大学的创业教育课程覆盖本科教育、研究生教育层次。在本科教育层面，创业课程是必修课或选修课，大部分与创业相关的本科课程都需要先修创业课程。硕士生教育层面，创业课程最有成效的是 NVC、CEI。在博士生教育层面，有两门跨学科的创业课程以及一门专门为科学、技术、医学学生开设的创业课程。NVC 包括四个课程板块，提供创业相关的理论知识，包括创业机会识别、创业营销、管理新风险以及创业金融。CEI 也包括四个课程板块，涉及创业挑战和创新管理。“创业精神”课程要求学生了解该区域社会发展基本情况，从而激发学生的创意。在“组织创新创业”课程中，学生可以培养自身的创业精神和创新能力。该课程侧重于解码创业领导力在企业处于新机遇时的作用。“创新管理与开放创新”课程提供创新的工具和模式，特别是在产品与服务创新方面。“创业项目与创业研究方法”课程为学生提供从事商业发展项目和完成硕士论文所需的知识和工具。

（四）创业实践计划

隆德大学参与或设立的创业实践计划包括 Venture Cup、Dragons at the University、Leapfrogs，为学生提供了创业展示机会。Venture Cup 是一种商业计划竞赛，受到政府和当地企业赞助，包括两种性质（商业理念、商业实践）、四个学科种类（生命科学、人文与社会、环境与能源、网络软件与媒体）和三种类型（商业创意、商业提案、商业规划）。Dragons at the University 是一种竞争性创业展示，创业学生向五位风险投资家展示他们的经营理念。Leapfrogs 是 LUIS 与 VentureLab 合作开展的一项举措，学生可获得 2.7 万瑞典克朗（1 瑞典克朗约等于 0.743 人民币）的资金来实施他们的商业理念，并在企业进行三个月的全职工作。

（五）学生创业组织

与创业教育有关联的学生组织包括创业与新企业协会（FENA）和隆德大学社会创新中心（LUSIC）。FENA 是一个交流场所，拥有自己的创业项目，由企业家和公司赞助，不仅激励有创业意图、创业行为的学生创业，还帮助创业失败的创业者摆脱恐惧、焦躁等情绪。LUSIC 是一个人文与社会学科的学生组织，旨在创建一个跨部门、跨学科的社会创新中心，以创业的方式解决社会问题。

（六）创业规章制度

按照政府出台的规定，瑞典将创业教育课程强制性地列入中学教育，这对高校创业教育具有非常重要的意义。政府提供创业资金以及大学内部的创业奖励计划均遵循严格的管理制度。此外，瑞典拥有独特的“教师例外法”，大学的研究人员和教师拥有自己的知识产权，而不受大学控制，这样就激励了研究人员及教师的创业行为。

（七）创业成果评估

创业成果评估是指对学生的创业学习、创业产品、创业理念进行评估。例如，学生创业组织 LUSIC 的员工与创业者共同对创业者的经营理念进行评估，评估标准是该理念是否满足市场需求和预期的成本效益，其方法是否独特，是否具有竞争性，等等；SKJCE 创业中心会对学生的学习成果进行评估，通常采用评分形式。

（八）创业咨询服务

隆德大学在学生创业教学与实践方面拥有较多咨询与服务渠道，如 Ideon 科学园除了为隆德大学提供财务支持、场地支持，还提供创业项目建议、协助编写商业计划和投资考评，以及帮助联系商业天使基金、商业伙伴或可能的投资者等服务；LUSIC 提供商业咨询、商业认证以及营销和知识产权审查等方面的免费支持等服务；网络平台 ESLU 提供创业讲座、创业案例等方面的创业学习资料。

（九）创业合作与资助

积极吸纳外部的合作与资助是隆德大学创新创业教育能够取得成功的关键因素之一。隆德大学将其创新创业教育生态系统嵌入当地的区域发展之中。正是这种与当地的深入融合为其赢得了更多和外部沟通合作、争取资金资助的机会，这进一步保障了其创新创业教育生态系统的活力、持续性。同时，在合作过程中隆德大学也为合作对象提供人才服务与经验分享，实现了知识、服务、信息、资源等的流动，保障了合作的可延续性。

五、加拿大瑞尔森大学创业教育生态系统①

瑞尔森大学成立于 1948 年，其前身是瑞尔森理工学院，学校办学理念是“通过实践学习知识”，即致力于创造一种行动文化，使教育与体验相辅相成，利用现实世界加强课堂教学。瑞尔森大学以创新创业教育而闻名，它为学生创造体验式的学习环境，将实践融入创业教育，设置了面向创业实践的“五大架构”教育系统，建立了基于创业孵化的“空间学习”平台，形成了以实践为导向的创业教育生态系统。

---

① 鲍春生，肯尼思·格兰特。加拿大瑞尔森大学创业教育生态系统的架构及路径［J］. 比较教育研究，2018，2：13-18.

瑞尔森大学创业教育生态系统由“五大架构”组成：专业教师、知识与创新、商业导师、投资与指导、过程教育。学校对创业教育进行了持续研究，形成了独特的创业教育理念，即实现创业教育与企业形成在生命周期上的无缝对接。遵循这种的教学理念，瑞尔森大学构建了“实践导向”的创业教育生态环境（见图 3.5）。

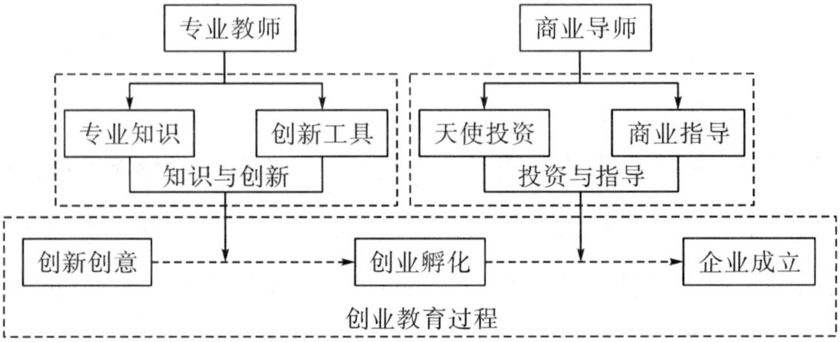

图 3.5　瑞尔森大学创业教育生态

瑞尔森大学认为创业教育应当与企业的创建过程相耦合，在实践教育理念的导向下，该校将创业教育分成了创新创意、创业孵化和企业成立三个阶段。专业教师通过专业知识的传授，将专业知识与创业知识结合起来，利用科学研究为学生提供创新与创意资源，专业教师的参与发生在创新创意和创业孵化阶段之间。商业导师为学生的创业带来了天使资金，同时还利用产业领域的资源与市场信息为学生提供商业指导，协助创业项目进入市场，商业导师的参与主要发生在创业孵化与企业成立前后。通过整合五大支柱要素，瑞尔森大学建立起基于体验式的创业教育架构，并且将创业教育与专业教学有机结合在一起，形成了以真实项目为载体的实践型创业教育模式。

利用“空间学习”平台开展创业教育是瑞尔森大学“通过实践学习知识”理念在创业教育中的体现，它实现了高等教育传统就业模式向富有创造力的创新创业教育模式转化。“空间学习”的基本职能是帮助创业者在专业知识学习中形成创意，并利用空间资源孵化成具有商业价值的项目，最后通过专业教师与商业导师的协助，发展壮大成为具有一定成长力的企业。瑞尔森大学设计了 10 个基于专业的“空间学习”平台，以供不同专业和特长的学生选择。

六、新加坡南洋科技创业中心创业教育生态系统①

在创业教育生态系统建设的众多优秀案例中，新加坡的南洋科技创业中心（Nanyang Technopreneurship Center，NTC）以其卓越的创业教育系统享誉世界。NTC 由新加坡经济发展局提供种子基金而创建，并以培养、促进和扶持创新创业文化为己任，在区域中扮演着与政府、产业界直接联络与合作的重要角色。NTC 在健全自身创业教育体系的过程中，逐步与海内外学术机构、科研机构、风险投资公司、政府主管部门、各类企业等共同形成了相互影响、互利共生的创业教育生态圈。这一生态圈主要包括以下四类要素。

第一类要素：跨领域的专业师资团队、完善的创业教育课程培训体系。NTC 聚集了具备丰富实践经验的商业领袖、教育研究者、科研人才，以及各行各业的从业者、创新者、知识产权律师、风险投资家、相关政府机构人员等。专业的导师团队以他们卓越的专业领域知识与丰富的商业实战经历，全力将受教育者们培养成具有敏锐商业洞察力的尖端人才。除了传授创业道路上所必备的知识技能以外，导师团队还着重培养学生们的创业实战能力、创新意识、全球化思维、跨学科与跨界合作意识、设计思考能力等综合素养。在创业课程的设置上，NTC 根据不

① 陈泽，黄宇．高校创业教育生态系统的组成要素：基于新加坡南洋科技创业中心的分析［J］．创新与创业教育，2019，10（6）：135-142.

同学习者开设了不同类型与层次的教育项目，南洋科技创业中心创业课程设置见表 3.3。

表 3.3　南洋科技创业中心创业课程设置

课程项目	项目简介	课程内容
创业辅修项目	面向南洋理工大学的本科生，旨在培养学生创建并开展商业活动所必备的创业素养与商业头脑，并学会将创新的理念融入实践中。完成所有课程的学习大约需要一年时间，学生也必须通过共计五个模块的学习和考核	三天两夜领导力与团队配合课程 新创企业的建立与营销 企业会计与财务 成长型企业管理 企业战略学 商业运作
创业导论选修课	面向南洋理工大学的本科生，这是一门关于创业基础知识的介绍性课程，共 12 课时	创业的基本原理，以及如何为项目制定发展战略、如何进行营销与融资等知识。课程还涵盖了评估创业风险所必需的会计、金融方面的知识，技术商业化的基本概念，知识产权管理和进出战略等
互联网创业与社交媒体营销课	面向南洋理工大学的所有学生	传授社交网络、社交媒体平台以及在线广告方面的知识技能。学生将学习各种初创企业可能会用到的社交媒体工具以及社会商业的概念，并探讨社交媒体指标、社交模式与流量货币化等话题，从而掌握如何利用社交媒体进行创业项目的战略规划
创业与创新硕士项目	培养勇于创业、敢于创新、具有凝聚力和领导力、适应全球化发展并能从容应对知识经济时代种种挑战的创新型企业家与管理人才	共 14 个课程计划，包括创业与商业计划、新创企业与商业营销、知识产权、技术评估与商业化、新企业与科技企业的战略管理、风险投资与融资、企业会计学、新型与已有企业的战略人力资源管理、技术创新专题研讨会、新创企业的业务战略实施与增长计划、新商业模式发展、技术创新与设计、可持续领导力与战略创新、公司财务与并购、创业案例研究

表3.3(续)

课程项目	项目简介	课程内容
创业素养发展项目	开放给年轻企业家、跨领域学习者、行业经理、官员、在校学生的短期培训	聚焦企业发展的生命周期，涵盖企业战略、营销、组织、商业模式、技术和知识产权的创新与管理中的大部分问题。这一项目甚至可以根据不同学习者的需求进一步定制内容
创业创新能力发展系列课程	针对企业家的短期培训	课程从企业的生命周期和企业经营两个维度出发，建立了完善的教学架构，涵盖创业过程和企业经营中所面临的大部分问题，包括战略、营销、组织、商业模式、技术、知识产权等方面

第二类要素：接受创业教育的学员以及接收受教育者的产业界与各行业的用人单位。当然，这些受教育者中的许多人在未来也会成为创业者并继续参与到整个生态建设中。

第三类要素：创新技术转移办公室、顾问委员会、科技创业与创新计划协会、南洋科技创业案例中心等创业辅助机构。这类要素为创业信息、能量以及创业与科研成果的转换、循环、流通等提供助力。

第四类要素：鼓励、传播、推广创业精神，扶持创新创业文化，推动高校创业教育发展的相关活动、比赛，以及相关的国家政策、方针、战略等。具体包括以下几项：新加坡的创新创业型国家发展战略、创业创新文化节、创业点子挑战赛、启力（startable）创业挑战赛、青少年世界企业家论坛。

第二节　构建创新创业教育生态系统的国内经验

相对于国外构建创新创业教育生态系统上的成熟经验，国内高校在这方面的发展较为落后。针对本书研究的目的性，我们选择了部分地方性应用型高校进行分析。

一、温州大学创业教育生态系统①

温州大学地处浙江省温州市，受当地极为浓郁的创业传统与商业氛围的影响，创新与创业教育成为温州大学的办学特色。经过 20 年的改革与发展，学校探索出了一条以培养“重实践、强创新、能创业、懂管理、敢担当”的高素质应用型人才的特色之路。从 2000 年开始，温州大学就开始了创业教育的探索。2007 年，温州大学组建自己的大学生创业园；2009 年，温州大学组建创业学院，这也成为我国最早一批处级建制、实体运作的创业学院。温州大学具有鲜明地域特色的创业人才培养模式被学者誉为中国高校创业教育的四大模式之一。温州大学的创业教育主要具有以下特点。

（一）特色化多样化创业课程和多元化创业师资相得益彰

课程设置是进行教育的基础。经过多年来的摸索，温州大学建立极具特色化与多样化的创新创业教育课程体系。通过开设创业先锋班、青年创客班、创业管理班、3+1 创业精英班等，学校实现了创业教育课程的模块化设置，构建了一套将通识教育、专业教育、创业教育完美融合

① 施思思，施永川. 高校构建创业教育生态系统的实践与思考：以温州大学为例 [J]. 浙江工贸职业技术学院学报，2017，17（4）：11-15.

的教学体系。在师资力量上，温州大学利用自身的校友资源和当地优越的民营企业资源，积极吸纳各类校外的企业家、专家、专业人才加入创业教育的师资团队。这些人与学校内部的教师构成了多元化的师资力量，实现了创业教育理论、实践之间的跨越。温州大学开设的部分创新创业类课程见表 3.4。

表 3.4　温州大学开设的部分创新创业类课程

创业类基础课	区域特色创业课程	专业类创业课程
大学生创业基础	温州经济概论	商业音乐管理
大学生 KAB 创业基础	温州企业营销专题	大学生网络创业
大学生创业案例分析	民营经济发展研究	电子商务创业实务
创造学	中小企业创业实务	大学生创业法律风险的防范
大学生创业领导力培养	东亚经济	工业工程与民营企业竞争力
STB（开办你的企业）	温州模式与温州企业家精神	动漫设计与大学生创业
大学生创业创新思维提升		Flash 商业广告与大学生创业

（二）创业学院与孵化平台为创业教育提供了强大的组织保障

温州大学创业教育的快速发展得益于其在组织架构上的精心设计，实现了整个创业教育活动的组织保障。这个组织架构的优势体现在两个方面：一个是组建了以校长为组长的创新创业教育领导小组、分管副校长负责的创业人才培养学员，形成了全校创新创业教育工作齐抓共管、协同合作的良好局面。二是构建了专业创业工作室——学院创业中心——学校创业园区——社会创业平台四级孵化机制。早在 2014 年，温州大学就成立了我国高校中最早一批众创空间。众创空间成立后，每年开展各类活动 50 余场，受益学生人数超过 6 000 人。同时，学校还构建了“1+X”的创业实践平台模式，在学校层级设立众创空间主园，同时还在下属各个二级学院实施了“一学院一空间”计划，目前已经在各个二级学院建立了17个分布式创客空间。

（三）创业社团与创业活动营造了良好的创业文化氛围

良好的创业文化氛围是激发创业意愿和创业活动的关键。温州大学依托学生创业社团开展丰富多彩的创业系列活动，营造了浓厚的创业文化氛围。自2008年以来，学校先后成了温州大学大学生KAB俱乐部、创业协会、温州大学未来企业家俱乐部、大学生创新创业联盟等多种创业社团与组织。此外，学校还组织了各种形式的创业系列活动，比如创客沙龙、创业实训营、企业家进校园、创客学堂等，进一步丰富了学校的创业活动，把外部创业资源与内部创业资源进行了有效整合。最后，学校还积极鼓励学生参加各种创新创业大赛，每年举办挑战杯创业计划大赛、"互联网+"创新创业大赛、创业案例大赛、创业市场营销比赛、创业点子秀等赛事，让学生在比赛中实现创业理论与创业实践的有效融合。

（四）优质企业和行业资源助推校企合作

得益于温州良好的创业氛围与民营企业家资源，温州大学与周边众多企业形成了良好的合作关系，构建了持续改进的创新创业教育生态圈。一方面，学校积极与各类企业签订战略合作协议，在培养创新型人才、共同研究与开发等方面建立联系；另一方面，学校也积极鼓励学校师生走进企业，通过创客工作室巡演、项目路演等方式进行项目推广。这种由内而外与由外而内双向合作的模式，不仅为高校吸纳外部资源提供了途径，也为高校内部的知识溢价与创新落地提供了渠道，实现了整体社会资源的最大效益化。校企合作，共同培养创新创业型人才，不仅彰显了企业的社会责任感，为其赢得良好社会声誉，也为企业自身发展构建了强大的人才储备库，为地方经济社会发展输送更多高素质人才。

（五）浓郁的创业环境提升了创业热情

温州大学地处崇商文化、市场滥觞著称的温州，温州人敢于冒险的精神特质成就了温州这片创业的沃土。受温州创业大环境的影响，温州大学的师生的创业意识、参与度、创业干劲普遍较强。在与地方政府、企业深度合作的过程中，学校构建了比较完善的创业教育生态系统，创业教育的发展也取得了较大成效，不仅有量的扩张，也有质的提升。

二、台州学院创新创业教育生态系统①

台州学院是一所省地共管的地方本科院校，其以“地方性、应用性、综合性”为办学定位，主动对接和服务于区域经济社会发展和地方产业转型升级需求，以提升学生的岗位能力为培养主线，对通识教育、专业教育与创新创业教育进行有机融合，从而培养适应地方发展需求的高素质应用型人才。台州学院的创新创业教育具有以下几个特点：

（一）构建分层分类的创新创业教育课程体系

为保障学校创新与创业教育的系统性、长期性和实效性，学校将通识教育、专业教育与创新创业教育进行了有机融合，构建了分层分类的创新创业教育课程体系。这一体系的主要特点不仅在于课程的分类，而且注重对学生进行分类，实现了“因人施教”的教育原则。台州学院依据学生的创业意愿、创业潜力等将学生分成了三类，并开设了不同的课程。

（1）对于缺乏创业意愿的大多数学生，学校开设普及性的创新创业课程。其目的在于培养和激发学生创的新创业意识和创新思维，提高学生对创新创业活动的认识和了解。

（2）对于具有一定创新创业潜力的学生，结合区域经济特色和学科专业特点，学校开设具有产业特点、一二课堂互融、与创新创业实践密切相关的专业类课程，传授创新创业知识和增强学生的相关技能，激发学生创新创业兴趣。

① 陈基根，朱晓菊．地方高校创新创业教育生态系统的构建与实践：以台州学院为例［J］．台州学院学报，2018，40（4）：61-64，80.

(3) 对于具有一定创业意向的学生，学校针对性地对这类学生的创新创业实践进行支持，向学生传授更加系统的创业知识并加强其创业技能，真正提升学生创新创业实践能力。

(二) 优化协同创新创业教育实践体系

学校以高素质应用型人才培养为目标，构建一二课堂相融合、课内外相结合的“一核心二导向三能力四层次五协同”创新创业实践体系（见图3.6）。即以地方产业需求为核心，培养高素质应用型人才；以创新能力和对接就业为导向，着力培养学生的专业实践能力、创新创业能力与岗位适应能力；四层次包括基础训练层、专业训练层、综合提高层和对接就业层；五协同是指校企协同，制定人才培养规格，构建实践体系，制订实验实训内容，参与实习实训，评价培养质量。

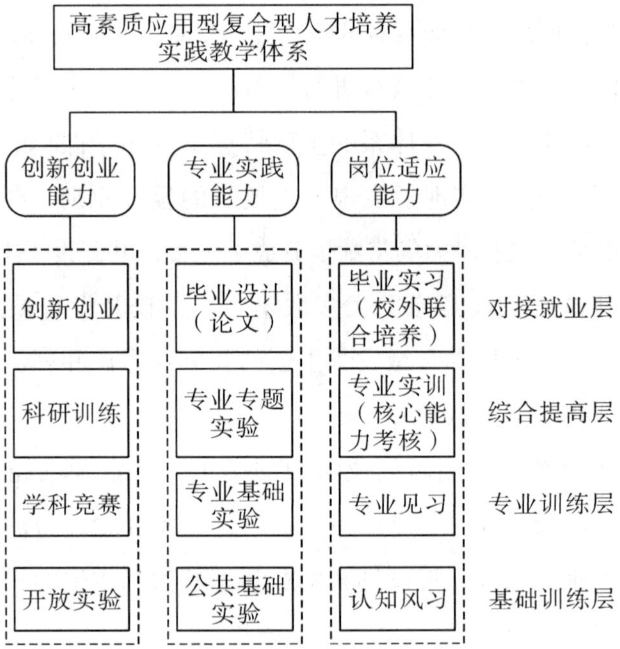

图3.6 “一核心二导向三能力四层次五协同”创新创业实践体系

（三）搭建校地联动创新创业实践平台

学校以“学科重点实验室、实验教学示范中心、校企协同创新服务平台、创新创业驱动中心、大学生创业园”为支撑，构建了校地联动、校企结合、内外互通、产学共融的大学生创新创业实践平台，通过大学与外部地方政府机构、各类产业与企业、协会的合作，在技术研发上实现理论转换为技术、技术转换为生产力和产品，在创新与创业方面实现学生理论知识向实践行动的转化，提升学生职业素养和创新创业潜力。

（四）健全创新创业教育保障机制

为更好保障创新创业教育的顺利实施和教育效果，学校构建了较为完善的保障机制。在创新创业教育的环境方面，学校大力加强与当地政府和企业的交流与合作，从政策支持、资金扶持、信息供给等方面为大学生开展创业活动创设良好的创业环境。在师资方面，学校建立一支由创业指导教师、竞赛指导教师、项目指导教师等组成的校内创新创业师资队伍，保障了师资力量。在过程监控方面，学校开发与构建信息化网络管理平台，为教学管理工作提供便利，为学校制定相关政策提供依据。在考核与测评方面，学校注重质量监控的协调、反馈与指导功能，重视过程性管理与评价，倡导多层面、多元化的评价与考核方式。

（五）完善创新创业教育运行机制

在培养方面，学校积极构建融合创新创业教育、创新创业培训和创新创业实践为一体的创新创业人才培养体系；建立创业学院，鼓励具有创业热情的学生进入创业学院学习，积极支持学生开展创业实践活动；修订学生学籍管理条例，实施弹性学制，放宽学生修业年限，允许学生调整学业进程，保留其学籍，允许休学创业。在组织管理方面，学校建立开展创新创业教育的组织运行机制，如建立独立的创业学院，或依托工商管理类学院创建创业学院，或依托学工、团委、教务处等部门建立创新创业组织机构；鼓励各二级学院立足学科专业特色，建立与地方产业特质高度吻合、有区域影响力的“创新创业驱动中心”。在激励措施方面，学校建立了教师层面与学生层面两个层面的激励措施。在校园文化方面，学校加强创新创业类社团建设，开展创新创业培训、创业模拟大赛、创业讲座等主题活动，充分发挥学生组织和学生社团在大学生创新创业实践活动中的积极作用。

三、广州城建职业学院创新创业教育生态系统①

广州城建职业学院是一所全日制工科类普通民办高等职业院校。学校根据自身定位以及当地经济与社会发展需求，在国家大力发展职业教育的政策引导之下，积极探索“产教融合、校企合作”的协同育人机制，制定了“创新强校创业育才”的教育目标，采取组织推进、师资保障、制度护航等一系列措施，在创新创业教育生态系统建构方面取得了较为显著的成绩，其具体做法如下：

（一）以创业教育引领专业教育，探索“三贯四融五进”人才培养机制

（1）实施创新创业教育的“三贯穿”：一是创新创业教育贯穿专业实践教学。学校依托建筑工程学院、房地产管理学院、洲际英才合作学院和新道创客学院四个双主体育人特色专业学院，搭建“创业训练+仿真模拟+实战训练+项目孵化”创业平台，重视培养学生的创新创业实战能力。二是创新创业教育贯穿人才培养方案。学校开展课程体系建设和改革，完善创新创业教育课程体系；将创新创业教育融入专业教育，

① 肖美艳，许国动．高职院校创新创业教育生态系统建构初探：以广州城建职业学院为例［J］．职业教育研究，2019，2：51-57．

鼓励学生参加创新创业实践，以此来替代其专业实习。三是创新创业教育贯穿人生规划。学校将创新创业教育作为新时代大学生职业规划、生活规划和创业规划的一门“必修课”，帮助学生将创新创业实践与其学业、就业以及未来的人生紧密结合起来。

（2）探索创新创业教育的“四融合”，即将创业的基本理念、基本知识、基本技能和专业教学紧密融合起来，促进专业教育与“双创”教育有机融合。

（3）推行创新创业教育的“五进入”，即创新创业课程进入人才培养方案，创新创业训练项目和比赛进入年度工作计划，创新创业知识进入课程，创新创业技能进入课堂，创新创业意识进入广大师生头脑，使创新创业教育融入人才培养全过程各环节。通过新型人才培养机制的构建和实施，学校初步形成知识传授、能力培养、价值塑造“三位一体”，创新、创意、创业“三创融合”的创新创业体系。

（二）开展校外引进、校内选拔，优化创新创业教育师资队伍结构

学校非常重视创新创业教育师资的多元化。除校内专业的创新创业教育师资外，学校还聘请了行业企业专家和院内高水平教师来担任创业导师，构成了由计算机、建筑工程技术、经济学、管理学等不同专业领域的教师，校内辅导员、校外企业家、校友、政府部门管理人员等组成的结构合理、学科门类齐全的多元化创业教育师资队伍。

（三）实施课程体系建设改革，完善创新创业课程体系

目前，学校面向四类学生，开设了四大类共 34 门创新创业教育课程。第一类主要面向全体学生，这类学生大都缺乏对创业的基本认识，没有创业的意愿。针对这类学生，学校主要开设普适性的创业基础与创业就业指导等方面的课程，其目的在于让学生学习有关创新创业的基础知识，培养学生的创新创业意识。第二类针对具有一定创业潜力的学

生，学校开设创新创业类平台共享课，全面开展创新性思维与研究方法训练。第三类主要针对有一定创业意愿或准备创业的学生，学校开设全校性创新创业先锋班，设置具有创新创业要素特征且与本校学科专业相关联的20门课程作为选修课程，其目的在于启发学生以专业视角进行创新思维，促进学生由学科专业单一型向多学科融合型转变。第四类主要针对着手创业的学生，学校开设创新创业类的课程，并纳入学分管理。同时采用慕课、视频公开课、现场讲授、讲座和在线辅导等课程形式，并提供至少半年的创业帮扶指导和跟踪服务。

（四）以赛促教，以赛促学，改革教学方法

学校积极探索先进的创新与创业教育模式和方法，采用“实际项目贯穿—子项目驱动—以赛促教，以赛促学—以专利申报促创新力”的教学方法，以培养学生的创新意识、创新思维和创新方法，激发学生创新创业激情。同时，学校通过行动导向、探究式和企业现场教学等方式及企业拜师会、项目策划实战训练、线上线下创新创业案例教学等实践教学方式，把创新创业教育的内容和要求融入专业实践。

（五）完善“双创”学分、学籍制度，为创业学生开辟绿色通道

学校还深入推进创新创业教育的制度改革。在完善人才培养方案的同时，学校建立了创新创业学分转换制度，实施“双创”实践替代制度，即学生参与创新创业实践可替代毕业顶岗实习，学生在参与创新创业实践活动中撰写的创业计划书可替代毕业设计（论文）。为鼓励更多学生投身创新创业实践，学校还修订了学生学籍管理制度，试行弹性学制，为创业学生开通绿色通道，支持学生休学进行创新创业实践，修业年限可放宽至6年。

（六）践行“理实”一体化实践教学，为学生搭建创新创业实践平台

学校按照“理实一体、相对集中”的原则，大力整合资源，依托

各专业的生产性实训室、跨专业的虚拟仿真实训中心——现代公司实战中心、大学生创业训练综合楼以及孵化器、创客空间、众创空间等新型平台，打造大学生创新创业园，构建立体实训实践平台，基本形成了集虚拟仿真实训、生产性实训、顶岗实习和创新创业园孵化于一体的综合性、立体化创新创业实训实践平台，为师生开展创新创业工作提供了有利条件，同时有利于形成较为浓厚的创新创业氛围。

第四章　地方应用型高校创新创业教育生态系统的构建

本书关于地方应用型高校创新创业教育生态系统的构建首先是基于生态系统的理论（生态系统的方法论）。生态系统理论（生态系统的观点）强调的是对任何事物而言，任何事物或个体都处于一个相互联系、相互影响的有机整体之中，如处于生物界生态环境的生物系统，“生态系统”中的所有组成个体，都在这个生态系统中成长。生态系统理论为创新创业教育研究尤其是创新创业教育生态系统的构建提供了合适的视角。基于生态系统理论的视角、方法，我们将创新创业教育的整个过程视为一个完整的有机系统。对于这个有机联系的生态系统，我们既要深入分析组成系统的各要素之间的相互作用，又要关注系统与外部环境之间的关系，这样才能系统地、全面地构建创新创业教育体系，达到促进创新创业教育发展、不断提升创新创业教育水平的目的。构成创新创业教育系统的因素众多，从创新创业个体到创新创业环境，从创新创业理论到创新创业实践。而我们要在整体与部分、部分与部分之间的相互关系中找到创新创业教育的目标、方法，通过对各要素间的内在逻辑进行综合分析研究，找出组成创新创业教育生态系统的各要素所发挥的作用以及影响创新创业教育发展的内在原因，以便有的放矢地开展创新创业教育，从而实现创新创业教育的最终目标。

本书所构建的地方应用型高校创新创业教育生态系统是一个以课程思政为引领，以引导大学生形成创新创业意识与理念为突破，以培养大学生的创新创业能力为目标，以模拟和实操创新创业过程为核心的“一二三四”创新创业教育生态体系。其中，“一”是指创新创业教育生态系统；“二”是指两个基础教育体系，即创新创业理论教育体系和创新创业实践教育体系；“三”是指三个实践训练平台，即跨专业创新创业实践平台、大学生创业孵化平台和大学生创业教育创新试验区三大实践平台；“四”是指四个保障机制，即组织机构保障机制、师资保障机制、资金保障机制和创新创业成果评价机制四大保障机制。以上体系的建立为地方应用型高校的创新创业教育提供一个系统、科学、针对性较强的理论指导体系，助力地方应用型高校创新创业人才培养目标的实现。本章将具体介绍构建该创新创业教育生态系统的建设目标及其主要内容。

第一节　地方应用型高校创新创业教育生态系统的建设目标

回应社会需求、服务国家战略是教育应有之义。面对国家大力推进“大众创业、万众创新”的发展战略，特别是国务院关于推动创新创业高质量发展打造“双创”升级版的意见，作为高校的创新创业教育，其建设和发展目标的确定必须以国家相关政策为依据，紧密跟进高等学校人才培养模式改革的趋势，做到既符合国家创新创业教育的有关精神，又能更好地推动高校创新创业教育的发展。本书所构建的地方应用型高校创新创业教育生态系统是以课程思政为引领，以引导大学生形成创新创业意识与理念为突破，以培养大学生的创新创业能力为目标，以模拟和实操创新创业过程为核心的特色鲜明的地方应用型高校“一二三四”创新创业教育生态体系。其构建过程遵循国家和地方政府关于创新创业的战略目标和总体要求。

一、中国政府关于推进“大众创业、万众创新”工作的总体要求

（一）大力推进“大众创业、万众创新”的总体思路与目标

2015年，国务院发布了《国务院关于大力推进大众创业万众创新若干政策措施的意见》，根据意见要求，我国推进“大众创业、万众创新”要按照“四个全面”战略布局，坚持改革推动，加快实施创新驱动发展战略，充分发挥市场在资源配置中的决定性作用和更好发挥政府作用，加大简政放权力度，放宽政策、放开市场、放活主体，形成有利于创业创新的良好氛围，让千千万万创业者活跃起来，汇聚成经济社会发展的巨大动能，以创业带动就业、创新促进发展。总体思路包括四个方面：坚持深化改革，营造创业环境；坚持需求导向，释放创业活力；坚持政策协同，实现落地生根；坚持开放共享，推动模式创新。坚持深化改革，营造创业环境，主要是围绕供给侧结构性改革和制度创新方面。通过改革，为创新创业创造普惠的制度环境、法律政策环境，促进社会资源、要素的流动。要求政府进一步简政放权、放管结合、优化服务，增进激励。坚持需求导向，释放创业活力，是“以人为本”理念的体现。以创新创业需求为导向，根据创新创业的需求解决创新创业所面临的资源、要素束缚，打破创新创业发展的瓶颈。从资金支持、信息开放、政策供给、公共服务等方面有效供给，释放创新创业主体活力，

激发创新创业主体的积极性。坚持政策协同，实现落地生根，从政策层面注重各部门的协同推进与因地制宜。创新创业是一个生态系统，需要各部门、各组成要素的协同推进，创新创业的推进需要有关部门因地制宜，与地方政策协同联动，确保政策、实践落地实施。同时，鼓励有条件的地区先行先试，探索形成可复制、可推广的创业创新经验。坚持开放共享，推动模式创新，即加强创业创新公共服务资源开放共享，整合利用全球创业创新资源，实现人才等创业创新要素跨地区、跨行业自由流动。依托“互联网+”、大数据等，推动各行业创新商业模式，建立和完善线上与线下、境内与境外、政府与市场开放合作等创业创新机制①。

2018 年，国务院进一步发布了《国务院关于推动创新创业高质量发展打造“双创”升级版的意见》，在 2015 年总体思路的基础上提出了我国推动创新创业的主要目标：创新创业服务全面升级，创业带动就业能力明显提升，科技成果转化应用能力显著增强，高质量创新创业集聚区不断涌现，大中小企业创新创业价值链有机融合，国际国内创新创业资源深度融汇。①创新创业服务全面升级。政府从供给侧优化创新创业供给。一方面通过信息通信技术不断完善创新创业资源共享平台，以拓展创新创业的市场化、专业化众创空间功能，提升创新创业服务平台的服务能力，关注处于创新创业早期阶段的科技型企业并给予资金支持，形成日益成熟的新兴产业服务业态。②创业带动就业能力明显提升，这是创新创业本身内在的直接效应。创新创业活动本身也是主体自身能力培育、提升的过程，推进创新创业，将有助于劳动要素升级、人力资本提升，将培育出更多充满活力、持续稳定经营的创新创业主体，

① 国务院关于大力推进大众创业万众创新若干政策措施的意见［EB/OL］.（2015-06-16）［2021-05-30］. http://www.gov.cn/zhengce/content/2015-06/16/content_9855.htm.

直接创造更多就业岗位，带动关联产业就业岗位增加，促进就业机会公平和社会纵向流动，实现创新、创业、就业的良性循环。③科技成果转化应用能力显著增强。创新与成功创业之间会形成良性互动，创业的成功往往伴随着科技成果的成功转化应用。创新创业的快速发展，将促进产学研用的进一步协同发展，科技创新与传统产业转型升级结合更加紧密，形成多层次科技创新和产业发展主体，支撑战略性新兴产业加快发展。④高质量创新创业集聚区不断涌现。“双创”示范基地建设扎实推进，一批可复制的制度性成果加快推广。有效发挥国家级新区、国家自主创新示范区等各类功能区优势，打造一批创新创业新高地。⑤大中小企业创新创业价值链有机融合。一批高端科技人才、优秀企业家、专业投资人成为创新创业主力军，大企业、科研院所、中小企业之间创新资源要素自由畅通流动，内部外部、线上线下、大中小企业融通发展水平不断提升。⑥国际国内创新创业资源深度融汇。拓展创新创业国际交流合作，深度融入全球创新创业浪潮，推动形成一批国际化创新创业集聚地，将“双创”打造成为我国与包括“一带一路”相关国家在内的世界各国合作的亮丽名片[①]。

（二）大众创业万众创新示范基地的建设目标

2016 年，国务院办公厅发布《国务院办公厅关于建设大众创业万众创新示范基地的实施意见》，围绕“大众创业万众创新示范基地”建设的目标是：力争通过三年时间，围绕打造双创新引擎，统筹产业链、创新链、资金链和政策链，推动双创组织模式和服务模式创新，加强双创文化建设，到 2018 年底前建设一批高水平的双创示范基地，培育一

① 国务院关于推动创新创业高质量发展打造“双创”升级版的意见 [EB/OL]. (2018-09-26) [2021-05-30]. http://www.gov.cn/zhengce/content/2018-09/26/content_5325472.htm.

批具有市场活力的双创支撑平台，突破一批阻碍双创发展的政策障碍，推广一批适应不同区域特点、组织形式和发展阶段的双创模式和典型经验，加快推动创新型企业成长壮大，努力营造鼓励创新、宽容失败的社会氛围，带动高质量的就业，促进新技术、新产品、新业态、新模式发展，为培育发展新动能提供支撑①。

《国务院办公厅关于建设大众创业万众创新示范基地的实施意见》中，对于高校和科研院所示范基地的建设目标是：以高校和科研院所为载体，深化教育、科技体制改革，完善知识产权和技术创新激励制度，充分挖掘人力和技术资源，把人才优势和科技优势转化为产业优势和经济优势，促进科技成果转化，探索形成中国特色高校和科研院所双创制度体系和经验②。建设重点包括完善创业人才培养和流动机制、加速科技成果转化、构建大学生创业支持体系、建立健全双创支撑服务体系四个方面。其中，完善创业人才培养和流动机制，主要围绕人才教育培养机制，深化创业创新教育改革，建立创业理论研究平台，完善相关课程设置，实现创业创新教育和培训制度化、体系化。落实高校、科研院所等专业技术人员离岗创业政策，建立健全科研人员双向流动机制。加大吸引海外高水平创业创新人才力度。加速科技成果转化方面，主要措施包括改进科研项目资金管理，下放科技成果使用、处置和收益权等改革措施，提高科研人员成果转化收益比例，加大股权激励力度，鼓励科研人员创业创新。开放各类创业创新资源和基础设施，构建开放式创业创

---

① 国务院办公厅关于建设大众创业万众创新示范基地的实施意见［EB/OL］.(2016-05-12)［2021-05-30］. http://www.gov.cn/zhengce/content/2016-05/12/content_5072633.htm.

② 国务院办公厅关于建设大众创业万众创新示范基地的实施意见［EB/OL］.(2016-05-12)［2021-05-30］. http://www.gov.cn/zhengce/content/2016-05/12/content_5072633.htm.

新体系。构建大学生创业支持体系方面，鼓励实施大学生创业引领计划，落实大学生创业指导服务机构、人员、场地、经费等。建立健全弹性学制管理办法，允许学生保留学籍休学创业。构建创业创新教育和实训体系。加强创业导师队伍建设，完善兼职创业导师制度。建立健全双创支撑服务体系方面，鼓励引导和推动创业投资、创业孵化与高校、科研院所等技术成果转移相结合。完善知识产权运营、技术交流、通用技术合作研发等平台①。

二、中国政府关于高等学校教育的建设目标

（一）与高等学校创新创业教育有关的目标

2015 年，国务院发布的《国务院办公厅关于深化高等学校创新创业教育改革的实施意见》指出，近年高等学校创新创业教育改革工作的总体目标是：2015 年起全面深化高校创新创业教育改革。2017 年取得重要进展，形成科学先进、广泛认同、具有中国特色的创新创业教育理念，形成一批可复制可推广的制度成果，普及创新创业教育，实现新一轮大学生创业引领计划预期目标。到 2020 年建立健全课堂教学、自主学习、结合实践、指导帮扶、文化引领融为一体的高校创新创业教育体系，人才培养质量显著提升，学生的创新精神、创业意识和创新创业能力明显增强，投身创业实践的学生显著增加②。

---

① 国务院办公厅关于建设大众创业万众创新示范基地的实施意见［EB/OL］.（2016-05-12）［2021-05-30］. http://www.gov.cn/zhengce/content/2016-05/12/content_5072633.htm.

② 国务院办公厅关于深化高等学校创新创业教育改革的实施意见［EB/OL］.（2015-05-13）［2021-05-30］. http://www.gov.cn/zhengce/content/2015-05/13/content_9740.htm.

（二）与高等学校课程思政建设有关的目标

2020年，教育部印发《高等学校课程思政建设指导纲要》，明确了高校课程思政建设目标要求和内容重点：课程思政建设工作要围绕全面提高人才培养能力这个核心点，在全国所有高校、所有学科专业全面推进，促使课程思政的理念形成广泛共识，广大教师开展课程思政建设的意识和能力全面提升，协同推进课程思政建设的体制机制基本健全，高校立德树人成效进一步提高。课程思政建设内容要紧紧围绕坚定学生理想信念，以爱党、爱国、爱社会主义、爱人民、爱集体为主线，围绕政治认同、家国情怀、文化素养、宪法法治意识、道德修养等重点优化课程思政内容供给，系统进行中国特色社会主义和中国梦教育、社会主义核心价值观教育、法治教育、劳动教育、心理健康教育、中华优秀传统文化教育。并且在“科学设计课程思政教学体系”中明确提到“创新创业教育课程，要注重让学生‘敢闯会创’，在亲身参与中增强创新精神、创造意识和创业能力”①。

三、创新创业教育生态系统建设目标

创新创业教育生态系统建设目标：全面贯彻落实习近平总书记关于高等教育发展的重要论述，以教育部印发的《高等学校课程思政建设指导纲要》为指导，坚持把立德树人作为中心环节，把思想政治工作贯穿创新创业教育教学全过程，实现全程育人、全方位育人。整个生态系统的构建重点体现的是以课程思政为引领，全面贯彻以价值塑造、知识传授、能力培养“三位一体”的人才培养目标，结合地方应用型高

① 教育部关于印发《高等学校课程思政建设指导纲要》的通知［EB/OL］.（2020-06-06）［2021-05-30］. http://www.gov.cn/zhengce/zhengceku/2020-06/06/content_5517606.htm.

校的人才培养特点，通过对“创新创业教育生态系统”构建的探索，寓学生的价值观引导于知识传授和能力培养之中，在完善和建立以引导学生形成创新创业意识和创新创业精神为导向、以培养创新创业能力为目标、以模拟和实操创新创业过程为核心、体现地方应用型高校人才培养诉求的地方应用型高校“一二三四”创新创业教育生态系统中，帮助学生塑造正确的世界观、人生观、价值观，进而推动创新创业教育生态系统的不断完善，使学生在不断完善的创新创业教育生态系统中成长为符合“六要求”的创新创业型人才。

其中的课程思政作为整个生态系统的引领，主要内容是围绕以政治认同、家国情怀、文化修养、宪法法治意识、道德修养等为核心思想政治内容，将思想政治与专业教育相融合，寓价值观引导于知识传授和能力培养之中，帮助学生塑造正确的世界观、人生观、价值观，培养具有国际视野、独立思考能力、社会责任感、文化修养的创新创业型人才，实现知识传授和价值引领相统一的生态教育系统。

第二节　构建地方应用型高校创新创业教育生态系统的主要内容

一、课程思政有机融入创新创业教育全过程

地方应用型高校要深入挖掘创新创业教育中的课程思政元素，使课程思政有机融入创新创业教育全过程，为构建一个较为完整的创新创业教育生态系统提供价值导向的支撑。

（一）课程思政融入创新创业教育全过程的原则

教育部高教司司长吴岩在 2018 年 12 月强调，我国高等学校要全力

打造创新创业教育升级版，推动创新创业教育与思政教育紧密结合，打造德育大平台，开出一堂全国最大且有温度的思政课，推动创新创业教育与专业教育紧密结合，打造智育大平台，开出一堂全国最大且有激情的创新创业课；推动创新创业教育与体育紧密结合，打造体育大平台；推动创新创业教育与美育紧密结合，打造美育大平台；推动创新创业教育与劳动教育紧密结合，打造劳育大平台，弘扬劳动精神、创新精神和创业精神。同时，吴岩表示，教育部创新创业教指委将围绕上述“五个结合”和“五育平台”，建设一批创新创业教育的“中国金课”。贯彻教育部关于创新创业教育的有关精神和要求，我们在推动创新创业教育与思政教育紧密结合上做文章，结合多年来创新创业教育教学开展的实际，深入挖掘创新创业教育中的课程思政元素，对课程进行专门设计。

第一，从目标导向出发，挖掘创新创业教育中的课程思政元素，如创新创业教育中的“企业家精神”如何与家国情怀的培养进行有机结合，关于创业者素质中 的“冒险精神”“商业头脑”如何与诚信意识和思想道德素质的培养和教育结合在一起去拓展知识的传授，劳动精神、工匠精神如何与创新精神和创业精神有机结合并融入课堂，等等。第二，从问题导向出发，激活创新创业教育中的课程思政元素，如在创新创业教育中的创业计划和职业规划的讲解中，从学生的兴趣点出发，以学生为本，帮助学生了解相关专业和行业领域的发展态势，了解国家发展战略和行业需求，增强职业责任感，启发大家将个人的发展与国家的前途和命运紧密结合起来规划人生，从而找到个人成长方向和空间，找到学习的最大动力。第三，从结果导向出发，课程思政元素有机融入创新创业教育中，达到润物细无声的效果。课程思政的建设成果，最终体现在解决问题的成效上，我们只有将课程思政的元素有机融入创新创业教育中，解决学生思想深处的问题，课程思政才有持续性；同时，解决教师把课程讲“活”的问题，课程思政才有了可复制性。

（二）课程思政融入创新创业教育全过程的设计

为进一步贯彻落实习近平总书记在学校思政课教师座谈会重要讲话精神，根据《中共中央国务院关于加强和改进新形势下高校思想政治工作的意见》《高校思想政治工作质量提升工程实施纲要》等文件要求，结合教育部印发《高等学校课程思政建设指导纲要》，以及教育部关于我国高等学校要全力打造创新创业教育升级版，推动创新创业教育与思政教育紧密结合的要求，在明确创新创业教育课程思政建设的总体目标和重点内容的基础上，为切实提升立德树人的成效，结合学校创新创业教育开展实际，我们从指导思想、总体目标、总体思路等方面制订了有针对性的、系统的创新创业课程思政建设方案。

1. 创新创业教育课程思政建设方案的指导思想

创新创业教育课程思政建设方案的指导思想：全面贯彻党的十九届四中全会精神和习近平新时代中国特色社会主义思想，落实习近平总书记在学校思政课教师座谈会上的重要讲话精神，贯彻落实 2016 年全国高校思想政治工作会议精神——坚持社会主义办学方向，落实立德树人根本任务。按照价值引领、能力达成、知识传授的总体要求，深化创新创业教育中课程思政教学改革，发挥课程思政的育人作用，推进全员、全过程、全方位育人，培养德智体美劳全面发展的中国特色社会主义建设者和接班人。

2. 创新创业教育课程思政建设方案的总体目标

创新创业教育课程思政建设方案的总体目标：立足于解决培养什么人、怎样培养人、为谁培养人这一根本问题，围绕全面提高创新创业人才培养能力这个核心点，围绕政治认同、家国情怀、文化素养、宪法法治意识、道德修养等思想政治教育重点内容和创新思维、创业精神等创新创业教育内容，提升从事创新创业教育教学的教师开展课程思政建设的意识和能力，不断完善课程思政建设与创新创业教育协同推进的体制机制，在创新创业教育中充分发掘和运用其蕴含的思想政治教育元素，把创新创业教育课程建设成为充满德育元素、发挥德育功能的通识教育课程，为国家培养担当民族复兴大任的时代新人。

3. 创新创业教育课程思政建设方案的总体思路

任何类型课程首先应遵循普遍的教育教学规律，再结合具体的课程类型制订有针对性的课程建设方案。创新创业教育类课程是在融合科学理论基础上的、更偏重实践的课程。因此，在教学方式方面，创新创业教育类课程除了采用理论传授与实践应用相结合方式外，在课堂上也可以采用理学教学中的小组讨论、案例讨论及角色体验等生动、丰富多样的方式，寓教于“体验”，及时将理论转化为实践运用，同时也能进一步激发学生学习、探索的主动性、积极性。

创新创业教育课程思政建设方案采用“将思政教育递进式融入传授创新创业理论知识、培养创新创业精神、提升创新创业实践能力”的三层递进式思路，构建价值观建立、理论学习、创业实践等课程内容，处理好创新创业教育课程思政的启发阶段、内化阶段、认同阶段，重点在社会主义核心价值观、爱国主义教育、诚信教育、社会主义法治意识、创新思维、创业精神教育等方面进行课程思政拓展设计，让社会主义核心价值观贯彻创新创业理论与实践教育各个环节，培养大学生成为全面发展的高素质创新创业人才，在开拓他们的创新思维、提升他们创业能力的同时，强化他们对中国特色社会主义的政治认同感，从而树立正确的理想信念和价值取向。

4. 创新创业教育课程思政建设方案的建设目标

创新创业教育课程思政建设方案的建设目标：力争用 2 年的时间，

建设完成包括“大学生科技创新教育”“创业基础”“创业资源”“创业营销”“创业与就业”等创新创业教育类课程思政示范课程建设。建立双创课程的课程思政标准：制作新课件（新教案），根据新教学大纲制作能体现课程思政特点的新课件（新教案）；提供教学改革典型案例和体现改革成效材料，如开展课程思政改革中的典型案例（含视频、照片、文字等多种形式），学生的反馈与感悟，以及其他可体现改革成效的材料。

5. 创新创业教育课程思政建设方案的重点内容

正确的价值观引导就如在大海航行的船只的舵手，把握船只方向，航行方向错了，将永远无法到达航行目的地，教学育人也是如此。我们首先要树立正确的教学目标方向，这就要求在创新创业教育课程中，注重价值观的引导。具体实施中，我们应将社会主义核心价值观贯穿创新创业教育全过程，无论是理论教学环节还是实践运用环节，以正确的价值观统领创新创业教育的总体规划设计。科学、有效的创新创业教育必须以正确的价值观、世界观为基础、前提，通过将社会主义核心价值观贯穿创新创业教育全过程，可以引导学生形成积极、正面的人生态度，能够让学生更好地适应社会。在面对很多未知困难时，学生能够具有战胜困难的勇气和继续前行的信心。我们要基于正确的价值观，培养具有创新思维、创业精神的高素质创新创业人才。只有这样，培养的人才才能真正更好地服务社会、反哺社会。

挖掘创新创业教育课程思政的育人作用。立德树人成效是检验高校一切工作的根本标准，育人成效也是检验创新创业教育的根本标准。落实育人成效，必须将价值观塑造与创新创业教育有机融合（见表 4.1），“围绕政治认同、家国情怀、文化素养、宪法法治意识、道德修养”的课程思政建设无疑承担了“价值观塑造”的重要任务。

表 4.1　部分创新创业教育课程思政元素的设计

序号	课程知识点	思政元素
1	创业者、创业精神	正确的人生观、价值观（结合对创业者的学习，引导学生思考什么是有意义的人生）； 创新意识与创造思维； 科学精神（尊重科学、崇尚科学）； 爱国情怀（启发学生将自己的人生发展目标与国家的需要联系起来，最大程度实现人生价值）； 信念信仰（启发学生加深对中国共产党为什么能、中国为什么行的认识和理解） 冒险精神（鼓励学生培养积极向上、勇于探究的敢闯敢干的精神）； 工匠精神
2	创业团队	团队意识、协作精神； 责任意识（培养学生具有担当的意识）； 意志力、抗挫能力
3	创业机会	学习精神； 创新精神（善于发现、善于创造、勇于挑战）； 理解力和把控能力； 文化传承创新（引导学生在寻找创业机会的过程中提升对民族文化的自信和传承意识）
4	创业资源	可持续发展观； 政策意识、法律意识（结合有形资源和无形资源的获取）； 风险意识； 规矩意识
5	创业计划	竞争意识； 义利观（结合创业计划中的营销策略、盈利模式的设计和实施，启发学生正确处理个人利益与国家发展之间的关系，树立正确的义利观）
6	创业企业管理	敬业精神； 责任意识（以成功企业的案例启发学生培养富有责任感的企业家精神与社会责任感）； 底线思维（以创业企业案例引导学生树立企业经营的底线意识）； 家国情怀； 法治意识； 诚信意识（诚实经营、信守承诺、诚恳待人）

加强师资队伍建设。创新创业教育课程践行课程思政理念，关键在施教主体——教师。要践行课程思政理念，教师首先应该强化思想政治教育意识，这需要教师牢固树立“四个自信”，强化自身对国家文化、制度的认同，才能将这种认同传导给学生。在提高思想政治教育意识基础上，教师还要提高创新创业教育与课程思政教育能力，提高自身教学素养，充实知识储备。在教育教学中，教师应将价值观塑造放置于与知识讲授同等重要的位置，在教育教学的各个环节贯穿“课程思政”的理念。在课程教学队伍建设上，要鼓励作为创业导师的成功企业家、思想政治理论课教师积极参与，创业导师、思想政治教师以及创新创业专任教师协同合作，共同探讨创新创业教育课程教材的编写，共同探讨课堂教学的方式、手段，互相借鉴，使课程思政真正、有效地融入创新创业教育中，避免出现课程思政与创新创业教育各自为政、独立进行的现象。

二、确立创新创业教育的培养目标和发展目标

人类的任何行为都不是盲目的，而是以目标为导向的。创新创业教育也是如此，只有在目标导向下我们才能构建实现既定目标的创新创业教育生态系统。因此，确立创新创业教育的培养目标和发展目标，是构建地方应用型高校“一二三四”创新创业教育生态系统的重要基础。

（一）构建创新创业教育生态系统的整体要求

首先，我们要明确地方应用型高校创新创业教育培养目标——以政治认同、家国情怀、文化修养、宪法法治意识、道德修养等内容的教育为引领，实现知识传授和价值引领相统一、专业教育与创新创业教育相融合、职业理想和职业道德教育相互渗透，培养具有创新思维、创业精神、创业能力、综合素质高、实践能力强的创新创业复合型人才，最终

实现学生由学校顺利走向社会的目标；其次，我们要确立创新创业教育的发展目标——寓价值观引导于知识传授和能力培养之中，帮助学生塑造正确的世界观、人生观、价值观，培养具有国际视野、独立思考能力、社会责任感、有文化修养的创新创业型人才；最后，我们要根据培养目标和发展目标，让地方应用型高校创新创业教育生态体系真正落地，即建立以课程思政的启发、内化到认同贯穿整个体系，以引导学生形成创新创业意识与理念为突破，以培养创新创业能力为目标，以模拟和实操创新创业过程为核心的“一二三四”的创新创业教育生态体系。该体系中的“一”是指创新创业教育体系；“二”是指创新创业基础教育体系和创新创业实践训练平台；“三”是指创新创业实践基地、大学生创业孵化基地和大学生创业教育创新试验区三大实践平台；“四”是指组织机构保障机制、师资保障机制、资金保障机制和创新创业成果评价机制四大保障机制。以上体系的建立为地方应用型高校的创新创业教育提供一个系统、科学、针对性较强的理论指导体系，助力地方应用型高校创新创业人才培养目标的实现。

（二）创新创业教育生态系统的培养目标

任何类型的教育及其包含的课程目标是指导课程教育过程的最基本的导向、原则，它是课程本身要达到的具体目标和意图。创新创业教育课程目标是创新创业教育目标的具体实现，它定义了学生通过课程学习后在道德、知识和能力方面所达到的期望程度，它是确定课程内容、教学目标和教学方法的依据。在泰勒看来，确定教育目标是课程开发的出发点，学习者本身、当代校外社会生活和学科专家的建议是确立课程目标的三个来源。因此，创新创业教育课程目标的确立是基于学生的现实特点、社会发展的时代需求和相关学科的已有成果等多个方面的综合分析确立的。

关于人格、品质、价值观目标。高校创新创业教育的最终培养目标不只是将每一位大学生都培养为成功的创业者，而是通过创业促进人的全面发展，帮助学生成长为完整的人、主体的人和发展的人，其核心是大学生创业心理品质、创新精神和创新意识的培养，这也是创新创业教育课程体系的基础性目标。优良的道德品质、坚韧不屈的精神、坚定不移的信念、丰富的经验、渊博的知识、充沛的体力和精力等优秀素质都将成为大学生未来事业成功的基本条件。创业本身是一个充满冒险的过程，“艰难困苦，玉汝于成”，对于大学生来说，创业并非坦途。要想获得成功，就必须有坚忍不拔的意志品格，这就要求创业者敢于面对挫折，正确看待失败，具有坚韧的意志力和顽强的战斗力。同时，大学生应该具备积极、乐观、自信的心态，待人真诚，善于合作，对社会、家庭和工作充满责任心等，这都是创业者必不可少的基本素养。创新创业教育课程体系的基础和核心是创业潜在意识的激发和创业精神的养成，因此，课程应注重培养大学生的好奇心和批判性思维，培养学生不墨守成规、独立思考、大胆质疑、开发创新思维等。

关于相关专业目标。创新创业教育课程体系的相关专业目标是帮助学生掌握相关创新创业的基本知识。广义的创新创业知识是指对创新创业实践过程有意义的知识体系及其个体结构，主要包括专业基础知识、管理知识和综合知识。狭义的创新创业知识是指应用于创新创业过程、步骤和方法的具体知识。专业基础知识是从事某一专业或职业所必需的知识，一般与专业和专业能力相结合。创新创业基础知识主要包括创新创业的基本概念、特点、原则和形式，创新创业的发展历史，创新创业活动的要素，创新创业团队，创新创业机会和计划，创新创业资源的开发，以及创新创业知识案例和经验，等等；管理知识主要包括管理者的知识结构和技能、管理思想和理论的演进、管理伦理和社会责任、人力资源管理、激励与领导、沟通与控制、组织文化等；综合知识是发挥社会关系作用的多种专门知识，包括政策、法规、税收、金融、保险、人际关系等。当然，有创新创业意向的大学生还是希望能够通过学习掌握最基本的创新创业相关知识，如创新创业机会的把握、创新创业项目的选择、创新创业资源的筹集、创新创业企划的设计、创新创业能力的评估等方面。因此，高校无论是开设的通识类创业基础课程还是结合专业类的创新创业教育课程都应该将学生所需要的创新创业知识作为普及性目标。

（三）创新创业教育生态系统的发展目标

创新创业教育生态系统的发展目标主要体现在创新创业教育课程上，创新创业教育课程的发展目标主要是培养以创业实践能力为核心的学生创新创业能力。创新创业能力是创业成功的必要条件，在创新创业实践中，创新创业能力是影响活动方式、效率和成果的直接因素。创新创业能力是能力的高级组合，可分为专业能力、方法能力和社会能力。既然是创新创业教育课程体系的个性目标，对于不同类别、不同基础、不同愿望的学生，创新创业教育课程体系的目标不应“相同”，而应“因人而异”。专业能力是企业中的主要岗位或工作群所需要的能力，这是创新创业的前提条件，主要体现在创新创业过程中担任重要职务的必要能力，接受并了解与企业经营方向相关的新技术能力，将经济、劳动知识和法律法规运用到行业的实际能力；方法能力是创新创业者在创新创业过程中所需要的工作方法，这是创新创业的基本能力，它主要体现在接收和处理信息的能力、抓住市场机会的能力、分析和决策的能力以及联想、迁移和创造的能力；社会能力是创新创业过程中必备的行为能力，是创新创业的核心能力，主要体现在人际沟通、企业形象规划、合作、自我约束及适应变化和承受挫折的能力。

三、完善两大创新创业基础教育体系

创新创业基础教育体系包括理论教育和实践教育两个体系，根据地方应用型高校大学生创新创业培养和教育目标，在借鉴、吸收、整合的基础上，通过开展精品课程群建设，优化重组，从而形成以创新创业通识课程为基础，以创新专业课程和创业技能课程为提升的地方应用型高校创新创业理论教育体系；以学生创新创业能力培养为核心，结合在大学生科技创新教育和创业教育工作中的有益尝试，通过借助创新科研训练、大学生科技竞赛、创新认知实验、创业素质实训和创业虚拟仿真等实践教育平台来培养学生的创新思维、创业能力，形成创新创业的实践教育体系，实现知识向能力的转化，从而夯实地方应用型高校创新创业的基础教育环节的实践教育体系。

（一）创新创业理论教育体系

1. 开设创新创业通识类课程

开设创新创业通识类课程，主要目的是对开展创新创业学习的学生进行一般的普及性知识的公共教育，主要在于培养人格健全、心理健康的学生。高校创新创业教育是面向全体大学生的教育，具有通识教育的性质，根据通识教育的基本理念构建高校创新创业教育课程体系，是提升大学生创新精神和创新意识，普及创新创业教育基础知识的基本途径。早在 2012 年，教育部《普通本科学校创业教育教学基本要求（试行)》中就提出“要面向整体，将创业教育纳入人才培养体系，贯穿人才培养的全过程，促进全体学生提供广泛、系统的发展。把创业教育与思想政治教育、就业教育和大学生就业指导服务结合起来”，并明确要求高校要创造条件，面向全体学生开设“创业基础”必修课程。

一方面，高校应开设“职业生涯规划课—就业指导课—创新创业基础课”等系列通识必修类创新创业课程，通过职业生涯规划课程帮助学生正确规划大学四年的学习目标和正确选择今后的职业目标；帮助学生正确认识当前的就业形势和社会需求，让学生树立正确的择业观、求职观；帮助学生掌握开展创新创业活动所需要的基本知识，让学生具备必要的创新创业能力和树立科学的创新创业观。另一方面，高校应围绕创新创业者素质能力要求，在创新创业基本知识的基础上开设高阶选修类课程，如批判性与创新思维方法、冲突解决、团队合作等，同时开设管理类、法律类、心理类等相关课程，满足不同学生的多样化发展需要。同时，教育部《普通本科学校创新创业教育教学基本要求（试行）》中也明确指出：“高校要建立健全创业教育与专业教育紧密结合的多样化教学体系，在专业教学中更加自觉培养学生勇于创新、善于发现创业机会、敢于进行创业实践的能力。

2. 开设创新创业专业课程

创新创业教育与专业教育两者互促共生，一方面，创新创业教育不可能脱离知识教育和专业教育而独立运行，创新创业教育能力的培养不可能游离于专业课程之外，创新创业教育不但不排斥专业教育，而且必须与专业教育紧密结合，与专业教学有机重构。另一方面，专业教育对于创新创业教育来说是一种结合紧密、效果较为显著的教育方式。

创新创业教育是专业教育与创新创业精神、创新创业能力培育相统一的教育，可以促进专业教育的改革、创新与发展。因此，创新创业教育的最佳效果源于创新创业教育与专业教育的有机融合。专业创新创业教育课程以学科领域创新创业为主题，整合学科知识，培养学生的知识应用与创新能力。专业创新创业教育课程建设主要有两种模式，一种是增列课程模式，即单独设置专业类的创新创业教育课程，大力推进专业创新创业课程的开发，以专业必修或选修课的形式尝试将创新创业教育的内容纳入专业课程体系，开设“某专业+创新创业（创新创业管理）”类课程，如证券交易事务、产品设计与创新创业、音乐创新创业与营销、平面设计与创新创业、软件开发与团队创新创业等。另一种是内容嵌入模式，即以各学科课程教学为载体，渗透创新创业教育知识内容。教师要充分挖掘各专业课程中与创新创业教育相关的元素与内容，在课程设计中融入创新创业的理念与思维，从而从整体上优化课程教学内容，实现由“创新创业课程”向“课程创新创业”的转变。

（二）创新创业实践教育体系

创新创业教育的重要特征就是强调实践能力和实务操作，创新创业实践教育是大学生将创新创业教育知识、经验等转换为创新创业能力的重要途径。创新创业实践教育体系主要通过创新创业实践课程体系来实现，内容包括创新创业实践应用类课程和创新创业实践类课程两类。创新创业实践应用类课程是在学科课程的基础上，以强调实务操作为核心开设的充分体现创新创业教育特点和性质的课程，将与大学生创新创业实践能力形成相关的态度、知识、技能等融为一体，主要特征是以学生自主学习与体验为核心，使他们在创新创业实践中学习、在学习中实践，从而全面提升大学生的创新创业综合素质与能力。

例如，开设“创业实务”课程，让学生结合所学专业进行创业流程设计和企业经营管理流程设计的实操；开设“创业市场调查”课程，让学生掌握对目标企业所在行业进行系统调查、分析的基本知识与技能；开设“创业企划书写作”课程，让学生掌握策划书撰写的基本要求和主要内容等。创新创业实践活动类课程以帮助学生获得直接的创新创业经验和创业信息为目的。

创新创业实践类课程是通过素质训练和专题实践等方式进行，有利于学生开阔视野、丰富体验，使其形成综合性的知识结构和能力。其中素质训练主要以各类活动竞赛为依托，主要包括学科兴趣活动、科技创新活动、公益服务活动等；专题实践是根据创新创业教育的课程目标和内容而设置的有明确主题的集体活动，包括行业参观、商业调查、群体访谈等，使学生通过真实体验获得创新创业的感性认识。

（三）创新创业理论教育体系与创新创业实践教育体系的融合

根据现代课程理论，课程形式是课程多样性的表现，按照不同的分类标准，课程形式有多种划分方式，结合创新创业教育的课程目标和呈现形式，我们将创新创业教育课程分为理论与实践课程、基础与专业课程、必修与选修课程、隐性与显性课程、线上课程和线下课程等，而创新创业教育课程生态的构建必须置于高校人才培养的整体框架下，并注重多种形态课程的有机融合。

1. 创新创业教育理论课程与创新创业实践课程相融合

理论性课程教学与实践性课程教学是创新创业教育教学的两大基本形式，两者是辩证统一的关系。从目前各高校开展创新创业教育的实际情况来看，存在两种偏向。一种是以理论讲授取代活动训练，即在培养方案中开设有创新创业教育相关理论课程，但是缺少对创新创业实践能力的有效培训，将创新创业教育止步于课堂知识的讲授和书本的传递。另一种是忽略理论知识的传授，而以各种赛事或活动等第二课堂的形式来取代创新创业教育的系统学习，将各种赛事的获奖作为检验创新创业教育效果的唯一依据。实质上，创新创业教育知识的理解与掌握、内化与应用既需要系统的理论知识作指导，同时也需要丰富的创新创业实践来实现。系统的专业知识是在长期实践的基础上总结出来的，专业理论指导下的实践比超脱理论和盲目的实践更具针对性和计划性。高校创新创业教育的课程体系不仅要强调理论知识的系统教学，而且要为学生提供充分的环境和条件，让他们感受和体验创新创业过程。高校应该在理论课程的教学中增加一定的实践教学环节，将两者合理安排，做到相辅相成，让“早实践、多实践和反复创新实践”贯穿于学生创新创业教育的全过程，通过理论课程与实践课程的合理配置和有机结合，在优化学生创新创业知识结构的同时提高其创新创业能力。

2. 创新创业教育通识类课程与专业课程相渗透

从目前来看，按照教育部文件规定，各高校基本都开设了“创业基础”等通识类课程，同时也开设了“创新思维”等一批通识选修课程。但是从各专业的实际情况来看，结合专业开设的创新创业类课程非常有限，一方面受传统观念的影响，专业课教师参与创新创业、理解创新创业、融合创新创业的意识、热情和能力不足；另一方面，受现有课程内容、教学方法、实践条件等限制，专业类创新创业教育课程设置与实施效果不理想。在课程开发与设计方面，首先，高校要重视创新创业教育通识课程的开发，增加创新创业教育通识课程的数量，扩大其覆盖面，以使更多的大学生能够选择满足自身需求的创新创业类课程。为了使大部分学生在不同程度上接触到创新创业的基本理念与基础知识，高校还可以考虑在现有的通识课程体系中融入创新创业教育的内容，可采取多学科协同的方式推进创新创业教育，加强多学科的思维、方法、知识的有机融合和互相借鉴，将创新创业教育与思想政治教育、通识素质教育、心理健康教育、就业指导教育等相融合，实现创新创业教育的“无处不在”和“无孔不入”。同时，高校要鼓励专业教师在专业课程的教学过程中渗透创新创业教育的内容，对现有专业课程进行综合改革，充分发掘已有专业课程中的创新创业元素，融入和渗透创新创业教育理念、意识和知识，引导学生基于自身专业知识背景去发掘创新创业机会。

3. 创新创业教育必修课程与选修课程相补充

从教学目标看，创新创业教育必修课程注重培养大学生创新创业的基本知识、技能和素质，为学生未来的职业发展奠定良好的基础。选修课更注重拓展学生的创新创业教育视野，深化创新创业知识和技能，满足学生的兴趣爱好，培养学生的个性。从教学内容看，必修课程强调创新创业知识技能的基础性与完整性，选修课则关注更加专业的创新创业知识技能，有较大的弹性，且须随时代变化及学生的要求进行及时调整。从教学方法看，必修课程注重循序渐进，注重课堂讲授。选修课程则可以以跨越式、个性化方式实施，以满足不同学生的发展水平和发展需要。2012 年，教育部《普通本科学校创新创业教育教学基本要求（试行）》中明确提出：高等学校应创造条件，面向全体学生单独开设“创新创业基础”必修课，支持有条件的高等学校根据办学定位、人才培养规格和学科专业特点，开发、开设创新创业教育类选修课程。

2015 年，国务院《关于深化高等学校创新创业教育改革的实施意见》中再次强调：“面向全体学生开发开设研究方法、学科前沿、创业基础、就业创业指导等方面的必修课和选修课。”高校创新创业教育的必修课程与选修课程都是以促进学生创新创业综合素质的发展为目标，两者相辅相成，一方面应加强必修课程教学内容、教学方法和管理的创新，提高创新创业教育课程的“广谱性”。另一方面要拓展选修课程的数量，改革教学形式，鼓励各专业教师开设专业类创新创业教育的选修课程，与必修课程教学内容形成系统衔接，提高创新创业教育课程满足不同学生需要的“精准性”，扩大创新创业教育的影响力。

4. 创新创业教育软硬件环境与创新创业课程相融合

创新创业教育的软硬件环境主要体现在高校创新创业教育文化的营造、制度的完善、心理的准备和资源的保障，其在高校创新创业教育过程中对大学生创新意识的激发、创新精神的培养和创新品质的形成起着潜在的、非正式的和长期的影响。虽然软硬件环境与创新创业课程在学习的计划性、学习环境和学生的学习结果等方面存在差异，但是，两者并不是各自孤立的存在，而是相互渗透、彼此影响，共同促进学生的综合素质发展。在创新创业教育课程建设体系中，创新创业课程是核心部分，是在软硬件环境基础上的专业教育，软硬件环境是创新创业课程在内涵和外延等方面的扩展与延伸。创新创业教育生态系统应围绕创新创业教育人才培养目标，使软硬件环境与创新创业课程和谐统一，相生相长，使课程体系更显生机，更富活力。高校在进行整体教学规划时应把软硬件环境纳入其中，进行合理综合设计，采取有效措施引导软硬件环境的实施，将创新创业课程和软硬件环境进行有机融合，把创新创业课程和软硬件环境的无痕衔接提高到培养学生的创新素质的途径上来认识，充分发挥两类课程各自的优势与功能。

四、构建创新创业实践训练平台

根据我国大学生创新创业教育现状，借鉴国内外大学生创新创业教育相关研究成果，结合我国在大学生科技创新教育和创业教育工作中的有益尝试，地方应用型高校创新创业教育生态系统中的“创新创业实践训练平台”搭建以跨专业创新创业实训平台、大学生创业孵化平台和大学生创业教育创新试验区为支撑的创新创业实践平台，从而完成创新创业意识培养、新产品研发与制造、实用新型技术开发与设计、创业企业规划、商业模式开发与设计、创业企业开办与孵化和创业企业运营等实践教学任务，使大学生的创新创业进入实战操作，既强化实践教学的有效性，又切实解决创新创业教育实践环节的落地。

（一）跨专业创新创业实训平台——虚拟商业社会环境（VBSE）

从教育部的工作要点等政策文件看，教育部对本科院校实践教学给予高度重视，鼓励学校开展跨专业综合实训、案例教学、探究式教学等的教学方法改革，鼓励校企合作，探索产学研合作新模式协同创新；建设创新创业实践基地，培养“厚基础宽口径强能力高素质”的复合型、创新型人才，促进学科交叉融合，为学生自主学习、自主实验和创新活动创造条件，提高学生就业竞争力，提升教师实践能力和科研水平，更好地服务地区经济发展。

“跨专业创新创业实训平台——虚拟商业社会环境（VBSE）”在试验室内搭建企业运作的仿真环境，该环境中有企业运作的各种职能部门，学生自主选择工作岗位后，按照所学理论知识，完成典型的岗位工作任务，履行典型的岗位职责，学会基于岗位的基本业务处理，体验基于岗位的业务决策，理解岗位绩效与组织绩效之间的关系；真实感受企业物流、信息流、资金流的流动过程；全面认知企业经营管理活动过程和主要业务流程；体验企业内部门间的协作关系及其与企业外围相关经济组织与管理部门之间的业务关联（见图 4.1）。

图 4.1　跨专业创新创业实训平台——虚拟商业社会环境（VBSE）

现代社会是由不同形态的企业组织通过相互间的业务往来联接在一起。虚拟商业社会环境（VBSE）通过对不同形态组织典型特征的抽取，营造一个虚拟的商业社会环境，该虚拟的商业社会环境包括市场、政府、公共服务等，受训者或体验者在虚拟的环境中，模拟现实的岗位工作内容、工作流程，体验基于岗位的业务决策，理解岗位绩效与组织绩效之间的关系，进行模拟经营和业务处理，可进行宏观微观管理、多人协同模拟经营和多组织对抗，是一个可以满足多专业学习与实践一体的实训产品（见图 4.2）。

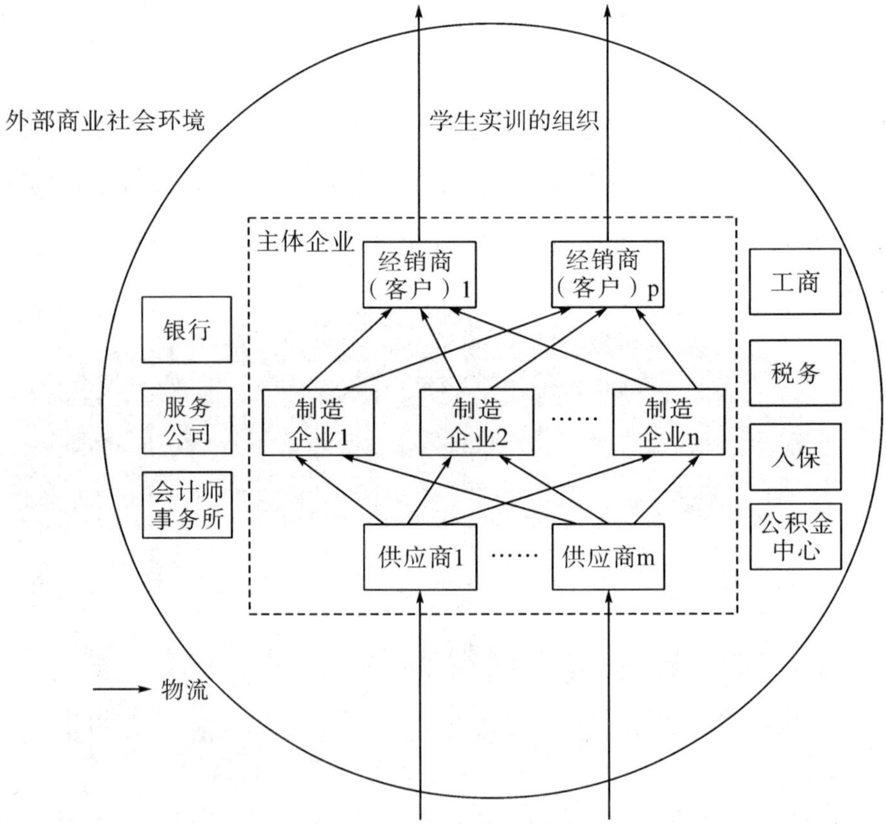

图 4.2　跨专业创新创业实训训练部署和组织关系模型

通过跨专业创新创业实训平台实验课程体系，学生从入校开始，在四年的学习过程中，通过学习不同阶段的实验课程，掌握相关的应用技能，特别是通过创新创业各环节的实操训练，提升创新创业能力，提前适应未来的就业岗位，为将来的顺利就业打下坚实的基础。

（二）大学生创业孵化平台

大学生创业孵化平台是为初始创业者提供共享服务空间、经营场地、政策指导、资金申请、技术鉴定、咨询策划、项目顾问、人才培训等多类创业的服务。创业孵化平台总体可划分为四大功能区：创业孵化区、项目展示区、创业培训区和综合服务区。基地通过政策聚焦，汇聚社会资源，在创业文化、创业培训、创业指导、创业资金等优质资源的支持下为创业者提供最专业、全面的创业服务。创业孵化平台以促进大学生创业带动就业、促进全市产业振兴、帮扶创新人才成长为指导思想，为学生推荐优秀项目，对接创业资金，同时让创业者掌握核心技能，促使创业者快速成长并创业盈利。大学生创业孵化平台可由高校与企业通过校企合作共建，为大学生搭建创新创业平台。

（三）大学生创业教育创新试验区

大学生创业教育创新试验区建设项目是高等学校教学质量与教学改革工程的重要建设项目之一。大学生创业教育创新试验区旨在鼓励和支持高等学校进行人才培养模式方面的综合改革，探索教学理念、培养模式和管理机制创新，努力形成有利于创新人才成长的培养体系，满足社会对复合型拔尖创新人才和应用型人才的需要。

大学生创业教育创新试验区推行的是集素质教育、知识教育、能力教育和就业教育于一体的“四位一体”综合教育体系，是素质教育、知识教育、能力教育和就业教育的目标化和系统化成果。高等学校的创新创业教育，就是在就业方向引导、调整和激励下，激发学生的创新创业意识、创新创业精神，传授创业的基本原理和专业知识，训练学生创业的本领、方法，养成学生勇于创新、善于创新的思维和品质，使学生能够适应各种社会环境，成为一个智者、强者，而不是弱者，毕业后能够自信地走向社会，实现自我。大学生创业教育创新试验区可采取两套创新型人才培养模式：一是常规教学+创业教育的“3+1”培养模式；二是第一专业+第二专业的“双专业”培养模式。

常规教学+创业教育的“3+1”培养模式。对于符合条件、自愿选择进入“大学生创业教育创新试验区”的学生，实行每月3周常规教学+1周创业教育的“3+1”培养模式。这一模式以“培养创业意识，激发创业热情，提高创业能力”为导向，体现学校“创新型应用型人才”的培养目标。主要做法是：第一，赋予学生在校期间两次专业选择机会，第一次在第一学期期末，符合条件的学生可以自主选择进入“大学生创业教育创新试验区”，接受系统性创业教育；第二次在第四学期期末，符合条件的学生可以选择申请大学本科三年毕业。第二，“大学生创业教育创新试验区”学生执行“3+1”培养模式，即每月用3周时间完成学校安排的必修课学习任务，每月用1周时间参与创业能力拓展训练和综合素质提升训练活动。第三，“大学生创业教育创新试验区”的学生大量采用学分替代模式。对于英语、体育、计算机、专业非核心课程，一律设计替代学习、实践和创新环节，允许学生以替代环节成绩记入学生学籍学分。第四，课堂教学采用“精品教材+案例与实训+教学指导书”模式，实践教学采用“职业生涯设计+创业计划设计+创业项目训练”模式。第五，培养和锻炼一大批创业型人才培养教师，全部采用新的人才培养内容与方法，开展课堂教学、实践教学和大学生创新创业项目训练。

第一专业+第二专业的“双专业”培养模式。对于不愿意脱离原专业学习的学生，“大学生创业教育创新试验区”通过“双专业”模式开展学生的创业教育培养。这一模式以“培养管理视角，训练管理方法，提高创业能力”为导向，体现学校“求创新强素质人才”的培养目标。主要做法是：第一，在第一学期期末，非经济与管理学科学生（特别鼓励工科学生）选择管理学（工商管理专业）为第二专业学位，加入试验区的学习活动。第二，关于教学计划、教师安排、教学管理、学生管理等方面，从事人才培养模式改革的教研室主任亲自负责做出调整。第三，理论教学明确以经济学、管理学视角为主，方法教学的重点为会计报表分析、统计方法和报关流程等创业工具训练。第四，实践教学突出大学生科技文化竞赛中“挑战杯”“ERP”“三创杯”“创业大赛”“创富大赛”等赛事，要求第二专业学生人人参与。

五、建立完善的创新创业教育保障机制

完善的创新创业教育保障机制主要包括资金保障机制、师资保障机制、组织机构保障机制和创新创业成果评价机制。

资金保障机制方面，学校通过校地融合、校企合作、大学生创业谷等多种渠道和平台，加大对跨专业创新创业实训平台、大学生创业孵化平台和大学生创业教育创新试验区的投入，设立专门基金对创新创业学生和教师予以扶持和奖励。

师资保障机制方面，学校让师生定期参加国家、省创业教育师资培训以及校企合作双师型师资培训和创业体验，从而提高现有创新创业师资水平或培养创新创业教师，或直接从知名的企业外聘富有创业实践经验的创业指导师，从而以高水平的师资队伍来保障高质量的创新创业教育。

组织机构保障机制方面，在校级层面，学校组织设立由多部门和学

院组成的学校创新创业工作领导机构。在校内设置专门的创新创业教育管理职能部门，学校创新创业工作领导机构办公室设在创新创业管理职能部门。例如，德州学院已设置创新创业学院，下设如教学与研究部、实践与运营部，有效解决了学校创新创业工作各自为战或机构职能重叠以及职责不明的问题。学校通过建立科学完备的管理机制，切实推进创新创业教育在学校有序开展。

创新创业成果评价机制方面，学校首先确立创新创业成果的评价指标体系、评价方法和评价制度，及时准确地对高校的创新创业成果进行客观评价，并根据评价结果给予相应的扶持和政策上支持，促进创新创业成果转化的同时，激发大学生从事创新创业的热情，助推学生成功创业直至顺利就业，提升地方应用型高校创新创业教育的不断深化和推广应用。为了不断完善创新创业教育生态系统，更好地推动学校的创新创业教育，学校及时有效地将开展情况和效果反馈给相关部门，并结合调查进行分析，将为创新创业教育生态系统的进一步完善提供有价值的参考。在创新创业成果评价机制中，地方应用型高校可通过问卷调查法，及时了解学校学生和相关教师对学校创新创业教育开展情况的认识和看法。例如，我们可以设计针对学生和教师的两类问卷调查，包括调查对象的基本情况、对创新创业教育的认知和理解以及创新创业教育开展课程思政情况等，既达到了及时修正和不断完善创新创业教育生态系统的目的，同时，也有效提升了创新创业教育的水平，促进了学校创新创业教育工作的开展。

六、高校创新创业教育生态系统构建的整体框架

综合上述内容，本书构建了地方应用型高校“一二三四”创新创业教育生态系统框架，如图 4.3 所示。

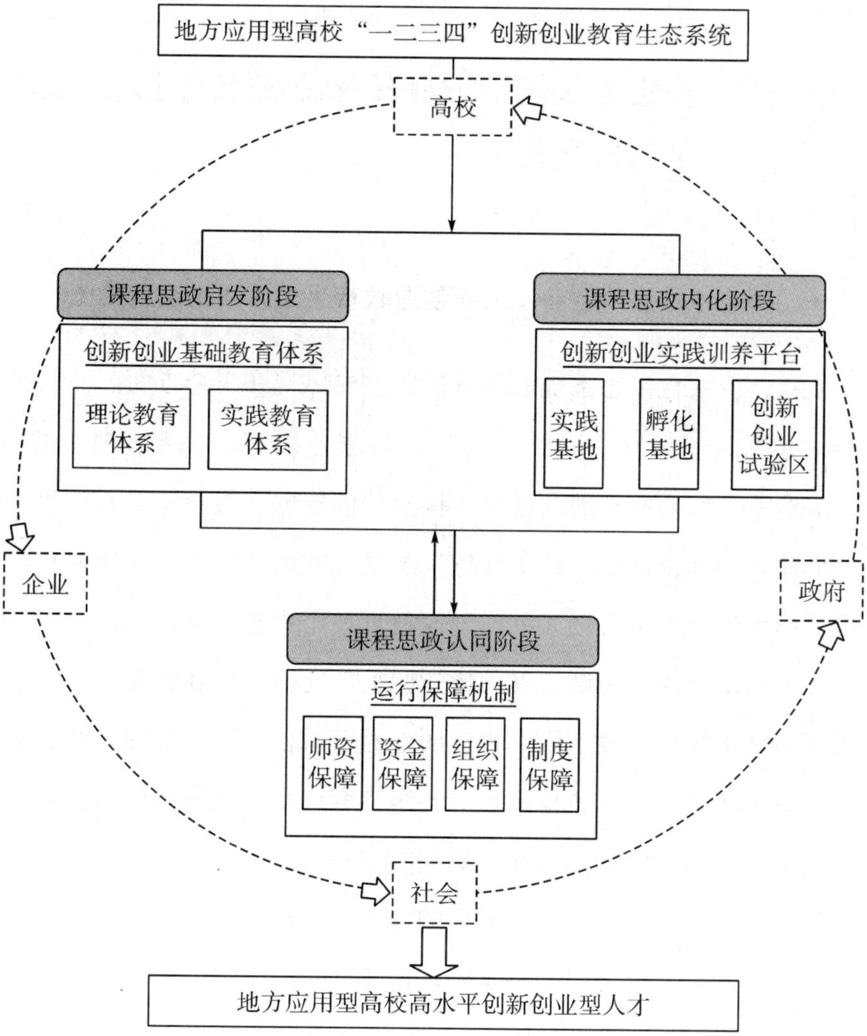

图 4.3　地方应用型高校“一二三四”创新创业教育生态系统框架

第三节　构建地方应用型高校创新创业教育生态系统的价值和重难点

一、构建地方应用型高校创新创业教育生态系统的理论价值

创新创业教育生态系统的理论价值主要体现在三个方面。一是所构建的地方应用型高校“一二三四”创新创业教育生态系统理论模型，对当前地方应用型高校缺乏系统、科学的创新创业教育体系的现状而言是一个较大的理论创新。整个教育生态系统前后呼应，且环环相扣。二是将课程思政元素有机融入创新创业教育整个生态系统，在回答培养什么人、怎样培养人、为谁培养人的问题上，无论从创新创业教育的培养目标还是理论体系建设上都旗帜鲜明地对于政治认同、家国情怀、文化素养、宪法法治意识、道德修养等各国教育面临的共同问题做出明确界定，做到了在高校润物无声地传播我国主流意识形态观念；三是与整个生态系统融为一体的三个实践平台的搭建，使理论学习和实践操作的结合得以顺利实现，也为生态系统的理论落地提供支撑。

（一）进一步丰富高校创新创业教育的研究成果

创新创业教育生态系统往往不可复制和直接移植，必须根据具体的创业环境开展融入性教育，其各利益相关者彼此依存、相互影响、共同发展。因此，构建创业教育生态体系不仅要分析系统要素及其运行机制，而且要从整体上对创业教育提出顶层设计，研究创业教育生态发展的理念、定位与目标。此外，与国外相关研究相比，我国学者的创新创业教育生态系统方面研究的一个明显特征是主要基于实践经验总结，研

究内容以解释现状和提供政策为主，较为缺乏社会学、政治学、管理学、创业学等相关方面的理论支撑和科学规范的学术探讨。同时，缺乏详实与科学的定性与定量研究。

本书所寻求构建的地方应用型高校“一二三四”创新创业教育生态系统理论模型，对当前地方应用型高校缺乏系统、科学的创新创业教育体系的现状而言是一个重大理论创新。这一系统将同时搭建三个实践平台，使理论学习和实践操作的结合得以实现，从而形成一个系统、科学、可操作性强的大学生创新创业教育体系，为国内相关理论研究提供新的成果支撑。

（二）将课程思政建设与创新创业教育有机融合对完善高校创新创业教育生态系统具有重要的价值

创新创业教育是当前时代的要求，创新创业教育与思想政治教育的有机融合无疑是回应时代诉求、提升学生综合素质的有效途径。高校的创新创业教育必须适应时代发展的要求，秉承与时俱进的精神。

将课程思政建设与创新创业教育有机融合有利于提高大学生形成正确的创新创业价值取向。当前，我国高校在对大学生进行创新创业教育的过程中功利化倾向严重，过分注重创业的利益化，具体表现为盲目照抄照搬、功利主义、急于求成。同时，有很多高校过于注重提高学生的创业技巧，把创业技巧的教育作为整个创新创业教育的主要部分，因此各种各样的创业培训班以及创业竞赛在高校中流行起来，成为争先模仿的形式。这种教育方式导致许多大学生把如何赚到更多的钱作为创新创业的最终目标，这违背了我国实施创新驱动战略的本质。从长远意义来看，这样的教育对高校乃至国家的创新创业百害而无一利。我们应将创新创业教育与思想政治教育相融合，有思想政治教育的引导和把关，通过思想政治教育，可以使大学生形成正确的价值观念，引导其正确对待创新创业过程中的利益，进而使大学生提升自我价值，更好地服务社会、贡献社会。

我们应将课程思政建设与创新创业教育有机融合，在提高大学生创新创业能力的同时，提升大学生的自信心。大学生的思想政治教育贯穿于高等教育的全过程，在教育教学过程中发挥着主阵地的作用，为各高校开展创新创业教育活动提供了很多可以借鉴的地方。思想政治教育与创新创业教育融合对于创新创业教育来说，一方面，为大学生创业能力的培养提供了坚实的理论依据，为大学生综合能力的提高提供了实践的舞台。通过思想政治教育，我们可以使学生加强对生活、对社会的思考，有利于大学生更好地适应社会，为提前进入社会做好准备，从而有利于提高大学生的整体素质水平。另一方面，许多大学生缺乏勇气和自信，他们会质疑自己的能力，以至于抵触创新创业教育。二者的融合却可以使大学生在思想上从接受创新创业教育，从而培养起他们的自信心和勇气，进而使他们树立更为远大的人生目标。相信这种良好的教育效应会推动高校创新创业教育的内容体系在总结中进一步拓展。

将课程思政建设与创新创业教育有机融合有利于推动高校创新创业教育教学改革和育人目标实现。党的十八大以来，以习近平同志为核心的党中央坚持实施创新驱动发展战略，就是要把蕴藏在亿万民众中的创造力发挥出来。高等教育要着力围绕服务国家创新发展，促进大众创业、万众创新，培育更多创新型人才。创新创业教育与思想政治教育的融合，以培养学生创新精神、创业意识、核心竞争力与社会责任感为核心，重视学生主体性和创新性培养，为促进高等教育更新教育观念，为转变教育思想提供现实依据。创新创业教育融入高校的思想政治教育符合时代创新精神，不但可以使思想政治教育学习中的理论知识转化为创新创业的能力和品质，引导大学生在就业方面树立正确的价值观，更能从各方面最大限度地发掘大学生的潜力。二者的融合，有利于培养大学生的创新能力和创新精神，推动大学生开展创新创业实践，为社会培养出更多高素质的人才。从战略意义上来说，我们只有将思想政治教育与创新创业教育相融合，才能促进大学生的全面发展和可持续发展，推进创业型人才培养目标的实现。

二、构建地方应用型高校创新创业教育生态系统的应用价值

整体来看，创新创业教育生态系统以课程思政为引领，以创新创业理论和实践教育为基础，以创新创业素质实训和创新创业实践模拟为提升，实现了显性教育和隐性教育相互交融，从而解决了目前高等教育知识传授与价值引领“两张皮”的问题，寓价值观引导于知识传授和能力培养之中，更好地帮助学生塑造正确的世界观、人生观、价值观。此外，创新创业教育生态系统理论实现了创新创业教育与专业课人才培养目标的一致性，从而解决了当前国内创新创业教育与专业教育“两张皮”问题。这有助于改变目前国内高校创新创业教育大多只停留在理论教育唱“独角戏”的现状，形成创新创业教育融通识课程、创业实践、创业技能提升于一体的“大合唱”教育格局，实现创新创业教育的真正“落地”。

（一）创新创业教育生态系统有助于帮助学生塑造正确的世界观、人生观、价值观

创新创业教育生态系统中的课程思政以政治认同、家国情怀、文化修养、宪法法治意识、道德修养等内容的教育为引领，实现知识传授和价值引领相统一，寓价值观引导于知识传授和能力培养之中，能更好地帮助学生塑造正确的世界观、人生观、价值观。

（二）地方应用型高校的人才培养与创新创业教育有机融合，有助于促进地方应用型高校的发展

一些地方应用型高校在实践中忽视了创新教育与创业教育的有机融合，再加上我国进行科学研究的高校主要集中于985、211高校，这就决定了我国关于创新创业教育的理论研究成果大多适合于这些985、211高校，而地方应用型高校并未受到应有的重视。本书的研究以地方应用型高校为对象，将为地方应用型高校创新创业教育的开展提供理论与实践借鉴。

（三）高校创新创业教育研究有助于高校培养创新性人才和解决大学生就业问题

我国高校扩招使得大学毕业生的就业问题日益凸显，在一定程度上影响了高等教育改革、办学效益、高校与社会的关系等。自2011年以来，全国毕业生人数逐年增长，据有关统计，近8年累计有5 895万名毕业生，我国高校毕业生的就业面临严峻的形势。

高等院校是为国家培养高级专门人才的摇篮，在推动社会发展中发挥着巨大的作用。我们如果忽视学生内在的创新能力培养，会产生高校毕业生创新性、创造性和实践性等能力不足的问题，将加剧整个国民经济中的高素质创新创业人才缺乏的态势，进而影响我国现代化建设的进程。因此，高等院校开展双创教育，有利于大学生树立正确的人生观、价值观和成才观，使其真正成为合格的社会主义建设者和接班人；有利于提高大学生就业率，并实现学校与社会、学习与工作的无缝对接；有利于培养和储备高素质复合型人才，从而在提升国家的综合竞争力中发挥重要的作用。

另外，本书将课程思政建设与创新创业教育有机融合，也有利于进一步缓解高校毕业生的就业压力及其带来引发的社会矛盾。二者相融

合，能培养大学生创新创业精神，塑造大学生的创新创业品格，不断增强大学生的综合能力基本素养，让每一位大学生都成为具有正确的人生观和价值观以及良好创新创业品格的创业者，从而实现以创业带动就业的目的。只有这样，我们才能从源头上缓解就业压力，解决大学生就业难这一严峻的社会问题。单纯的创新创业教育教会学生的只是创新创业的技巧，而对于大学生而言，创新创业能力的培养才是最重要的。面对当前的就业压力，大学生应该争做岗位的创造者，而不是岗位的应聘者。实现这一目标，离不开高校有针对性的思想政治教育的引导，我们只有将创新创业教育与思想政治教育有机融合，才会从根源上缓解大学生就业压力及其带来的社会矛盾。

三、构建创新创业教育生态系统所要解决的重点和难点问题

高校构建创新创业教育生态系统所要解决的重点和难点问题如下：

第一，全面推进课程思政建设与创新创业教育的有机结合，将课程思政元素有机融入创新创业教育全过程，解决知识传授与价值引领“两张皮”的问题，即解决好寓价值观引导于知识传授和能力培养之中，帮助学生塑造正确的世界观、人生观、价值观的问题。

第二，在构建创新创业教育的理论教育体系和实践教育体系、完善“一二三四”创新创业基础教育全部构成要素的基础上，将创新创业教育有机融入于专业教育中，有效解决当前国内创新创业教育与专业教育“两张皮”问题。

第三，构建并逐步完善适应地方应用型高校人才培养需求的“一二三四”创新创业教育生态系统理论框架，解决当前地方应用型高校创新创业教育各自为战、缺乏协同推进的体制机制，教育过程碎片化、不成体系的现实问题。

第四，探讨搭建创新创业教育实践平台的政策与措施，确保地方应用型高校“一二三四”创新创业教育生态系统得以实现的保障机制，特别是解决创新创业教育实践“落地”难的问题。

第五章　德州学院构建创新创业教育生态系统的成功实践

第一节　德州学院创新创业教育成效反馈机制

为了不断完善创新创业教育生态系统，更好地推动学校的创新创业教育，课题组试图通过多种形式对学校开展创新创业教育的成效进行调查了解和分析，及时跟进开展情况和效果，为创新创业教育生态系统的进一步完善提供有价值的参考。我们通过问卷调查法，了解了德州学院大学生和相关教师对近几年学校创新创业教育开展情况的认识和看法。调查问卷分为学生问卷和教师问卷两类（见附录1、附录2）。其中，学生问卷的内容主要包括调查对象的基本情况、对创新创业教育的认知和理解、创新创业教育开展课程思政情况等；教师问卷的内容主要包括调查对象的基本情况、对创新创业教育的认知和理解、创新创业教育开展情况、创新创业教育开展课程思政情况等。课题组于 2020 年 5 月至 6 月采取简单随机抽样的方法，利用问卷星网络平台，通过不记名方式发放并收回问卷。此次调查共发放学生问卷 1 500 份，收回有效问卷

1 483 份，有效率约 98. 87%；发放教师问卷 80 份，收回有效问卷 67 份，有效率 83. 75%，均较为理想。

一、教师反馈：效果显著且前景好

1. 调查对象的基本情况

在被调查的 67 位与创新创业教育相关的教师中（如表 5. 1），男性 24 人，占比约 35. 8%，女性 43 人，占比约 64. 2%。从年龄上看，50 岁以下的共 63 人，占比约 94. 1%，说明德州学院的创新创业教育教师队伍比较年轻、有活力。从教师的所属专业看，分别是文科类（23 人，占比约 34. 33%）、理科类（18 人，占比约 26. 87%）、工科类（14 人，占比约 20. 9%）、艺体类（12 人，占比约 17. 9%），说明大家对从事创新创业教育的热情高。从教师的学历看，约 92. 53%的人具有硕士及以上学位，学历层次较高。但从职称上看，高级职称人数较少，仅有 12 人，占比约 17. 92%，其原因应该与教师的年龄结构有关。从教师的主要岗位看，学生管理、教学科研、行政/教辅人员均有涉及，真正围绕着“大众创业、万众创新”，做到“全员育人”，其中，学生管理人员最多（45 人，占比约 67. 16%），然后是教学科研人员（12 人，占比约 17. 91%）和行政/教辅人员（10 人，占比约 14. 93%）。从教师的政治面貌看，约 94. 03%的教师为中共党员，政治素质过硬。

表 5. 1　参与问卷调查的教师的基本情况

项目	指标值	人数/人	占比/%
性别	男	24	35. 82
	女	43	64. 18

表5.1(续)

项目	指标值	人数/人	占比/%
年龄	29岁及以下	13	19.4
	30~39岁	27	40.3
	40~49岁	23	34.33
	50岁及以上	4	5.97
专业	理科类	18	26.87
	文科类	23	34.33
	工科类	14	20.9
	艺体类	12	17.9
学位	博士	5	7.46
	硕士	57	85.07
	本科	5	7.47
职称	教授	2	2.99
	副教授	10	14.93
	讲师	37	55.22
	助教	18	26.86
岗位	教学科研	12	17.91
	学生管理	45	67.16
	行政/教辅	10	14.93
政治面貌	中共党员	63	94.03
	民主党派人士	1	1.49
	无党派人士	0	0
	群众	3	4.48

2. 对创新创业教育的认知和理解

德州学院从事创新创业教育的教师对创新创业教育目的的认识较为清楚，其中，29.85%的教师认为是为了培养创业型人才，70.15%的教师认为是为了训练学生的创新思维，55.22%的教师认为创新创业教育对大学生毕业后进行创新创业活动有很大作用，44.78%的教师认为创新创业教育对大学生毕业后进行创新创业活动有一定的作用。

调查显示，德州学院及其各教学单位积极响应国家号召，及时准确领会和落实教育部的文件精神，在全校开展创新创业教育，这也得到了老师们的高度认可，89.55%的被调查教师认为，学校重视或非常重视创新创业教育，80.6%的被调查教师认为其所在教学单位重视或非常重视创新创业教育。

3. 创新创业教育开展情况

德州学院及其各教学单位对创新创业教育的重视还反映在创新创业教育的开展情况上。一是相关课程开设以公共必修课为主。89.55%的教学单位将创新创业教育作为必修课开设。二是相关课程都在低年级开设。所有教学单位均面向一、二年级的学生开设了创新创业教育课程（见表5.2）。三是创新创业课程的内容丰富，涵盖技能培训、思维训练、意识培养、素质教育等方面（见图5.1）。四是创新创业教育课程师资以相关专业教师为主，且来源广泛。相关专业教师占比71.64%，此外还包括政府及学校相关部门的管理人员、成功创业者或企业家、已经毕业的校友等（见图5.2）。五是创新创业教育课程教学形式多样，包括讲授式、问题探究式、训练与实践式等（见图5.3）。六是创新创业相关活动开展经常化，且效果良好。正是由于学校高度重视创新创业教育工作，因此，在学校有计划地部署工作，95.52%的教学单位做到了有计划地开展创新创业相关活动。由于涉及的学科专业不同，其中44.78%的教学单位经常开展创新创业相关活动。活动形式主要包括竞赛、讲座、论坛等（见表5.3）。活动面向的群体以本教学单位学生为主，占比71.64%，有23.88%的活动面向全校学生开展。活动效果也得到了被调查教师的认可，其中43.28%的教师认为活动效果显著。

表 5.2　各教学单位开设的创新创业教育课程所面向的群体

	一、二年级	三、四年级	非本院部学生	小计
理科类	14	3	3	20
文科类	23	6	0	29
工科类	11	6	0	17
艺体类	10	3	1	14

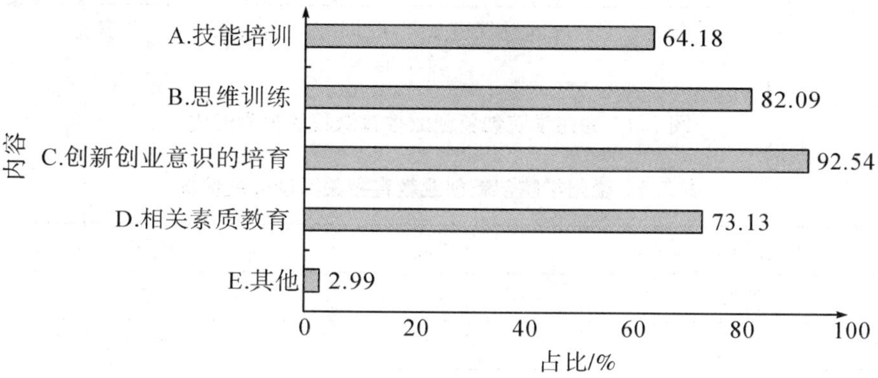

图 5.1　德州学院创新创业教育课程的内容

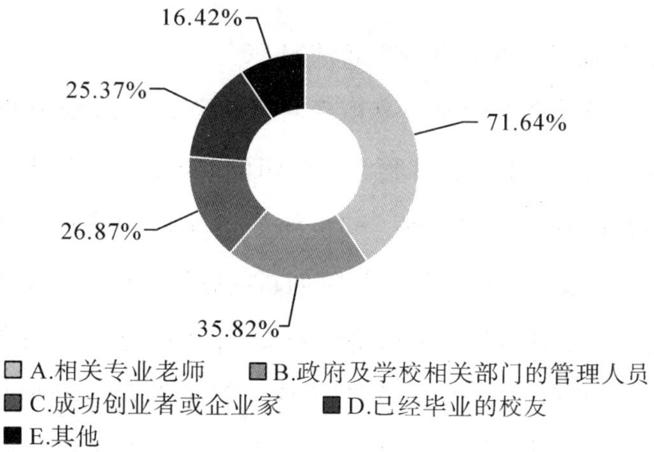

图 5.2　德州学院创新创业教育师资情况

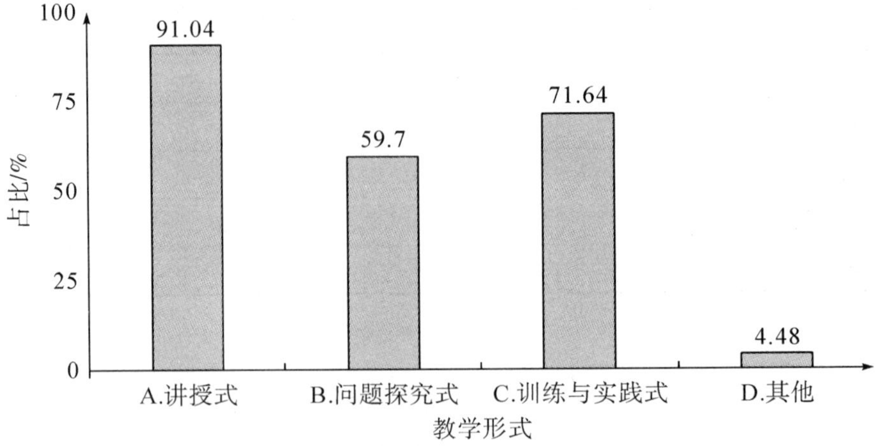

图 5. 3　德州学院创新创业教育课程的教学形式

表 5. 3　德州学院创新创业教育相关活动开展情况

活动形式	频数	比例/%
竞赛	45	67. 16
讲座	59	88. 06
论坛	15	22. 39
其他	4	5. 97

4. 创新创业教育开展课程思政情况

德州学院及其各教学单位高度重视在创新创业教育中开展课程思政，并得到了创新创业教育课程教师队伍的高度认可。对此，80. 6%的教师认为学校重视或非常重视，82. 09%的教师认为其所在教学单位重视或非常重视。受此影响，德州学院创新创业教育课程教师队伍对在创新创业教育中开展课程思政的必要性和重要性的认识非常清晰，且高度统一。92. 54%的教师认为有必要在创新创业教育中开展课程思政，98. 51%的教师认为创新创业教育开展课程思政有利于提升大学生的创新创业意识、精神与品质，其中 59. 7%的教师认为这一作用效果明显。据此，我们可以提出这样一种假设，即创新创业教育开展课程思政的效果怎么样，关键在于教师对课程思政建设要有正确的认识，只有这样，我们才能将思想政治教育更加顺利地融入创新创业教育中去。

对于创新创业教育开展课程思政的着力点，89.55%的教师选择了创新创业意识的培育，83.58%的教师选择了思维训练，77.61%的教师选择了相关素质教育，64.18%的教师选择的是技能培训（见图5.4）。而对于创新创业教育能够开展的思想政治教育内容，86.57%的教师选择了理想信念教育，79.1%的教师选择了“三观”教育，74.63%的教师选择的是爱国主义教育和思想道德教育，71.64%的教师选了法治教育，还有59.7%的教师选择了优秀传统文化（见图5.5）。

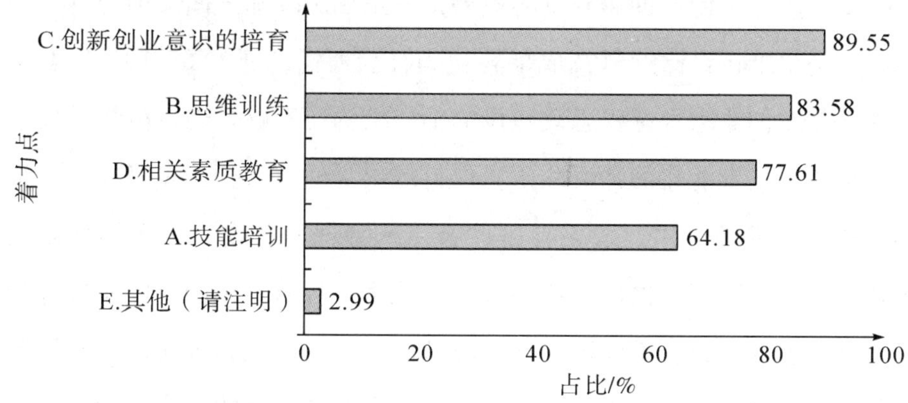

图5.4 创新创业教育开展课程思政的着力点

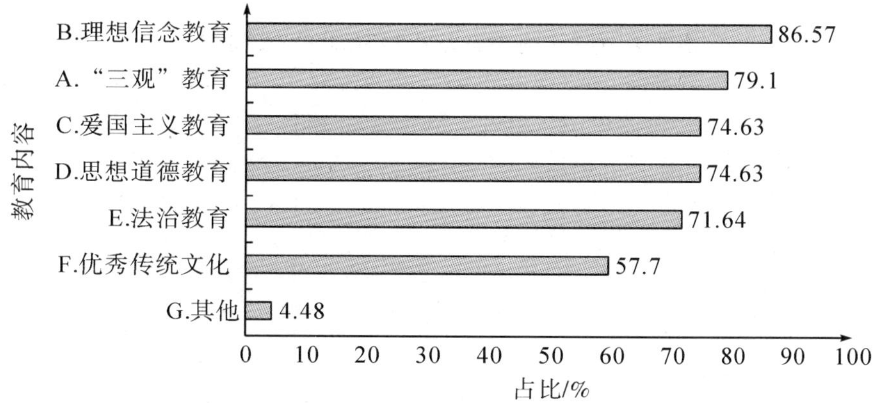

图5.5 创新创业教育课程思政的教育内容

德州学院从学校、教学单位到任课教师虽然都在创新创业教育中开展课程思政，但是由于这项工作起步较晚，在很多方面还存在不足之处，尤其是专项经费投入、实践基地建设、师资要求和校外实习机会等方面（见表 5.4）。71.64%的教师认为，创新创业教育开展课程思政的专项经费投入不足。资金投入是开展创新创业教育的物质保障，经费的不足在一定程度上限制了创新创业教育开展课程思政的发展。64.18%的教师认为，创新创业教育的实践基地建设不足，另有 56.72%的教师认为，创新创业教育的校外实习机会较少。缺乏实习和实践机会，在一定程度上影响了创新创业教育的效果，一是无法准确把握市场的发展动态，二是很难将自己的科技成果转化为社会所需。还有 61.19%的教师认为，创新创业教育课程思政建设的师资结构还不够合理，虽然学校全力支持并组建专业化的师资队伍，但科班出身的教师少，多以经过培训的相关专业教师为主，缺乏具备“技术—管理—思政”等多维素质的专业化的师资队伍。据此，我们进一步认为，目前，在创新创业教育中有效开展课程思政，不仅需要任课教师高度重视课程思政建设，更重要的是如何打造一支政治素质高、专业化强、专兼结合的高素质的创新创业师资队伍。

表 5.4　创新创业教育开展课程思政的不足之处

选项	频数	比例/%
经费投入	48	71.64
实践基地建设	43	64.18
师资结构	41	61.19
校外实习机会	38	56.72
人才培养理念	20	29.85
校园文化环境	17	25.37
办学模式	17	25.37

当前，在高校开展创新创业教育已成为我国高等教育的“新常态”，而创新创业教育的发展离不开思想政治教育的正确导向。在创新创业教育中开展课程思政，通过价值塑造、知识传授和能力培养，不仅能够为大学生的人生指明方向，也能提高其成功创业或就业的概率，这是创新创业教育的大势所趋。

对于如何更加有效地在创新创业教育中开展课程思政，83.58%的教师认为应在创新创业教育中融入思想政治教育的相关内容；82.09%的教师认为应该发挥高校、政府、企业和家庭协同育人优势，促进大学生在创新创业教育中成长；80.6%的教师认为应该发挥思想政治教育工作者的优势，加强专业师资队伍建设；79.1%的教师认为应该在全校营造创新创业的文化环境氛围，提供多彩的校园文化环境。

二、学生反馈：认可度高且诉求大

1. 调查对象的基本情况

在被调查的 1 483 名学生中（见图 5.5），本科生 1 111 人，占比 74.92%；专科生 372 人，占比 25.08%；男生 295 人，占比 19.89%；女生 1 188 人，占比 80.11%。从专业来看，最多的是文科生（618 人，占比 41.67%），然后是理科生（447 人，占比 30.14%）和工科生（232 人，占比 15.64%），最少的是艺体生（186 人，占比 12.55%）。从年级看，学生数与其所在年级呈反比分布。

表 5.5 被调查学生的基本情况

项目	指标值	人数	比例/%
学历	本科生	1 111	74.92
	专科生	372	25.08

表5.5(续)

项目	指标值	人数	比例/%
性别	男	295	19.89
	女	1 188	80.11
专业	理科类	447	30.14
	文科类	618	41.67
	工科类	232	15.64
	艺体类	186	12.55
年级	一年级	757	51.05
	二年级	573	38.64
	三年级	146	9.84
	四年级	7	0.47

2. 对创新创业教育的认知和理解

（1）德州学院大学生对创新创业教育的认识较为正确。49.9%的学生认为创新创业教育是为了培养创新型人才，35.81%的学生认为创新创业教育是为了进行创新思维的训练（见图5.6）。

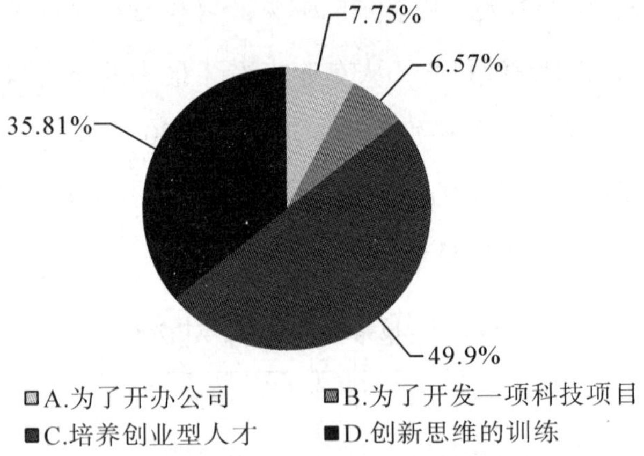

图5.6 德州学院大学生对创新创业教育的认知情况

（2）德州学院大学生了解和掌握创新创业知识和技能的主动性有待提高。除了完成学校要求必修的创新创业课程外，只有12.2%的学生表示会经常有意识地去了解创新创业的知识和技能，73.16%的学生只是偶尔主动了解相关知识和技能，还有14.63%的学生对创新创业知识和技能没有兴趣。

（3）德州学院开展创新创业教育的力度有待加强。除了完成学校要求必修的创新创业课程外，只有28.32%的学生表示，在校期间接受过较多的创新创业教育。

（4）德州学院创新创业教育的效果有待进一步提升。37.42%的学生表示，接受的创新创业教育对自己的帮助不大，8.7%的学生甚至认为，创新创业教育对自己并没有帮助。只有28.59%的学生表示，创新创业教育对今后的创新创业活动有很大的作用，而67.7%的学生表示，创新创业教育对今后的创新创业活动作用不大。在接受过创新创业教育的学生中，72.87%的学生明确表示在毕业后没有创新创业的打算，还有78.27%的学生对这一问题表示不确定（见表5.6）。

表5.6　接受过创新创业教育的学生在毕业后的创新创业打算

X\Y	有	没有	累计百分比/%	不确定	累计百分比/%
很多	71	15	3.88	37	5.05
较多	82	74	23	141	24.31
一般	144	193	72.87	395	78.27
没有	67	105	100	159	100
合计	364	387	—	732	—

注：X表示在校期间接受的创新创业教育情况，Y表示毕业以后的创新创业打算。

（5）德州学院对创新创业教育的重视得到了学生的认可。德州学院对创新创业教育的重视不仅得到了教师的认可（如前文所述），

68.24%的学生也认为学校重视或非常重视创新创业教育。

（6）在创新创业教育的内容上，学生的诉求与教育供给的契合度较高。35.47%的学生表示希望学校的创新创业教育课程更加注重技能培训，30.95%的学生希望教育内容是思维训练，25.96%的学生希望教育内容是创新创业意识的培育，还有7.08%的学生希望教育内容是相关素质教育，这与学校当前开展的创新创业教育内容相契合。

（7）德州学院创新创业教育的师资结构有待进一步完善。除相关专业教师外，学生最希望讲授创新创业教育的师资依次是成功创业者或企业家、政府及学校相关部门的管理人员、已经毕业的校友。学校当前的相关师资结构与学生的这一诉求还有一定的差距，尤其是成功创业者或企业家方面差距较大（见表5.7）。

表5.7　德州学院创新创业教育师资构成与学生相关诉求　　单位:%

师资构成	学生诉求	实际构成
相关专业老师	81.25	71.64
政府及学校相关部门的管理人员	53.2	35.82
成功创业者或企业家	76.33	26.87
已经毕业的校友	46.59	25.37

3. 创新创业教育开展课程思政情况

（1）德州学院大学生对于创新创业教育开展课程思政的必要性和重要性具有比较正确的认识。71.34%的学生认为创新创业教育有必要开展课程思政，97.84%的学生认为创新创业教育开展课程思政有利于提升大学生的创新创业意识、精神与品质，特别是个人的成长和综合素质的提升，其中43.36%的学生认为这一效果非常显著。

（2）德州学院创新创业教育开展课程思政的内容比较符合学生的诉求（见表5.8）。

表 5.8　德州学院创新创业教育开展课程思政的内容　　单位:%

课程思政的内容	学生诉求	实际情况
"三观"教育	84.42	79.1
理想信念教育	72.15	86.57
爱国主义教育	66.76	74.63
思想道德教育	69.12	74.63
法治教育	66.82	71.64
优秀传统文化	55.43	59.7
其他	1.15	4.48

（3）对于德州学院创新创业教育开展课程思政的不足之处，学生的反馈依次是实践基地建设（56.78%）、校园文化环境（48.69%）、校外实习机会（48.55%）、经费投入（45.52%）、师资结构（42.24%）、人才培养理念（41.34%）、办学模式（38.17%），这与任课教师的看法基本一致。

（4）创新创业教育开展课程思政具有较好的前景。80.04%的学生认为创新创业教育开展课程思政具有较好的前景。

（5）创新创业教育有效开展课程思政的途径。对于这一问题，77.95%的学生认为应该在全校营造创新创业的文化氛围，提供多彩的校园文化环境；76.6%的学生认为应在创新创业教育中融入思想政治教育的相关内容，注重结合实际；65.54%的学生认为应该创新思想政治教育形式，发挥高校、政府、企业和家庭协同育人优势，提升创新创业教育的效果；65.27%的学生认为应该在发挥思想政治教育工作者的优势的同时，加强创新创业专业师资队伍建设。与教师相比，学生更加注重的是与创新创业相关的校园文化活动和环境氛围。

第二节 德州学院结构合理、专业性强的创新创业师资队伍

结构合理、专业性强的创新创业师资队伍是创新创业教育顺利开展的关键。根据《国务院关于推动创新创业高质量发展打造“双创”升级版的意见》（国发〔2018〕32 号）的系列文件精神，特别是围绕高校创新创业生态系统的构建，德州学院加强创新型人才培养，着力加快创新创业教育内涵建设，把创新创业教育改革融入人才培养全过程，切实解决高校创新创业教育师资队伍力量薄弱的问题，取得了实实在在的效果。

一、吸纳成功企业家加入，组建专业化创新创业教育专家库

面对创新创业师资队伍人员不足、专业性不强的现实，学校在整合现有创新创业师资力量的基础上，积极联系知名校友、企业家、知名创业人、知名投资机构，不断壮大兼职专家型创新创业导师队伍。学校吸纳具有良好创业实践背景的成功企业家加入学校创新创业教育专家库，组建专业化的师资队伍。2019 年，德州学院聘请企业家兼职导师 12 人，其中包括全国“互联网+”大学生创新创业大赛评审组组长杨波教授、浪潮集团等上市公司经理或投资专家，充分发挥以上人员创新创业实践经验丰富的优势，聘请他们为兼职创业导师，既解决了学校的创新创业师资队伍专业化不足的问题，又解决了在高校这一象牙塔内对于创新创业停留在纸上谈兵的困境。

二、开展分层级立体化培训，打造校内过硬的创新创业师资队伍

为更好地提升学校创新创业教育质量及大学生创新创业能力，学校创新创业学院每年定期组织相关老师参加国家级、省级各类创新创业教育培训及大学生科技竞赛指导培训，先后参加“互联网+”大学生创新创业大赛、“创青春”全国大学生创业大赛、全国大学生数学建模大赛、全国大学生电子商务“创新、创意及创业”挑战赛等大赛的指导培训、实战演练。通过培训学习，老师们对大学生科技竞赛的指导更加精准，为学校更好地开展创新创业活动和各级各类大学生科技竞赛，做好了充分的准备工作，有效提升了创新创业指导教师的大赛指导能力。

三、与地方部门通力合作，协同推进创新创业和大学生就业

为解决学校创业培训师资短缺的问题，学校采取“多条腿走路”的办法，一是学校抓住有利时机，积极争取省、市人社部门的支持，组织创业指导师、创业培训讲师及创业咨询师的培训工作，仅 2019 年，先后培训创业培训 SYB 讲师 32 名、省级创业指导师 2 名、创业咨询师 10 名。二是与德州市共享市级创新创业导师库。以上措施不仅解决了学校创新创业师资紧缺的难题，壮大了师资队伍，还使得学校创新创业师资队伍的结构更加合理。学校通过与地方人力资源和社会保障部门合作，协同推进创新创业和大学生就业。

近几年，学校多措并举，建立起了一支创新创业理论扎实、创业实践经验丰富、专兼结合的创新创业教育师资队伍，在提升学校创新创业教育质量的同时，真正实现了以创业带动就业的目的，极大地促进了本校大学生的就业，同时，为我们的创新创业教育生态系统良性运转打下了坚实的基础。

第三节　德州学院课程思政与大学生创新创业教育教学全程融合

为深入贯彻落实习近平总书记关于教育的重要论述和全国教育大会精神以及教育部关于高校课程思政建设的一系列工作部署，学校的创新创业教育及时跟进上级有关文件精神，围绕高校在价值塑造、知识传授、能力培养方面的三位一体的人才培养目标，将课程思政植入大学生创新创业教育教学全过程，在创新创业教育生态系统的构建及实施过程中，把课程思政作为其中的重要组成部分，围绕该组成部分，课题组从人才培养目标、教材建设、课程建设等多方面进行了深入、细致、全方位的研究与设计。

一、深入推进创新创业教育系列教材建设

创新创业教育基础在课程，教材是关键。在实施创新创业教育的过程中，德州学院在认真贯彻教育部关于创新创业教育精神和要求的前提下，围绕价值塑造、知识传授、能力培养三位一体的人才培养目标，充分利用被批准的山东省创业教育创新试验区这一省级平台，结合不断完善的创新创业教育实践活动，开展了符合地方应用型高校实际的创新创业教育教材的编写工作。

依托创业教育创新试验区这一省级平台开展的创新创业教育教学实践经验，围绕教育部关于价值塑造、知识传授、能力培养三位一体的人才培养目标，学院从创新创业教育的培养定位出发，组织热衷于创新创业教育工作、长期担任大学生科技文化竞赛的指导工作、讲授创新创业

类相关课程且实践教学经验丰富的教师，结合人才培养方案的改革，从创新创业涉及的内容、创新创业的不同时段、创新创业的关键环节和知识点等出发，组成不同的教材编写小组，进行创新创业系列教材的编写。特别是对德州学院创新创业型人才培养目标从政治方向、知识结构、应用能力、综合素质、就业岗位等方面进行目标定位。编写教师通过对内容的不断把握、磨合、提炼、充实、完善，最终编写完成《大学生科技创新教育》《创业基础》《创业基础案例与实训》《创业资源》《创业营销》《创业融资》《创业与就业》等创新创业教育系列教材（见图 5.7）。

图 5.7　德州学院正式出版的创新创业教育课程教材

系列教材的结构和内容改变了过去重理论教育、轻实践教学的创新创业教育的短板，人才培养的知识结构、能力结构和包括价值塑造在内的综合素质的培养在教材中的重要性得以充分体现，为构建以能力为主干，创新为核心，知识、能力和素质和谐统一的创新创业教育教学体系，为高校创新创业教育生态系统的构建打下了坚实的理论基础。

二、完善创新创业教育的课程建设与教学设计

课程是教育教学全过程的核心。教育部高教司司长吴岩于 2018 年 12 月强调，我国高等学校要全力打造创新创业教育升级版，推动创新创业教育与思政教育紧密结合，建设一批创新创业教育的“中国金课”。贯彻教育部关于创新创业教育的有关精神和要求，使课程目标有效支撑培养目标的达成，学校在推动创新创业教育课程建设中，首先做好课程设计，结合多年来创新创业教育教学开展的实际，学校组织具有较为深厚的创新创业教育功底的师资，潜心钻研，深入挖掘创新创业教育中的课程思政元素，结合学校主持建设的创新创业类山东省在线开放课程的实际，在原课程设计的基础上，与时俱进，对课程进行专门设计。

第一，从目标导向出发，挖掘创新创业教育中的课程思政元素，将价值塑造、知识传授和能力培养三者融为一体，围绕政治认同、家国情怀、文化素养、宪法法治意识、道德修养等目标实现导向开展工作，如考虑创新创业教育中的“企业家精神”如何与政治认同、家国情怀的培养进行有机结合，培养同学们的爱国情怀和使命担当意识；考虑创业者素质中“冒险精神”“商业头脑”如何与诚信意识、道德素质的培养和教育结合在一起去，从而拓展知识的传授；考虑创新精神和创业精神如何与工匠精神、劳动精神等有机结合。

第二，从问题导向出发，激活创新创业教育中的课程思政元素，如在创新创业教育中的创业计划和职业规划的讲解中，以生为本，从学生的兴趣点出发，选取生动鲜活的案例，启发大家将个人的发展与国家的前途和命运紧密结合起来规划人生，进而找到个人成长方向和发展的空间，从而找到学习的最大动力。

第三，从结果导向出发，向课程思政要效果。我们要真正使课程思政元素有机融入创新创业教育中，从而达到润物细无声的效果。课程思政的建设成果，最终体现在解决问题的成效上。我们只有将课程思政的元素有机融入创新创业教育中，解决了学生思想深处的问题，课程思政才有持续性；我们只有解决了教师把课程讲“活”的问题，课程思政才有了复制性。总之，深入挖掘创新创业教育中的课程思政元素，为构建一个较为完整的创新创业教育生态系统提供课程体系支撑的同时，也实现了课程思政有机融入创新创业教育全过程，进而达到培养德智体美劳全面发展的社会主义建设者和可靠接班人的目的。

第四节　三大创新创业实践训练平台助力落地

一、跨专业创新创业实训平台——虚拟商业社会环境（VBSE）

德州学院的“跨专业创新创业实训平台——虚拟商业社会环境（VBSE）”通过在试验室内搭建企业运作的仿真环境，设置企业运作的职能部门，让学生自主选择工作岗位，通过完成典型的岗位工作任务，学生学会处理基于岗位的基本业务，体验基于岗位的业务决策，理解岗位绩效与组织绩效之间的关系，真实感受企业物流、信息流、资金流的流动过程，全面认知企业经营管理活动过程和主要业务流程，体验企业内部门间的协作关系及其与企业外围相关经济组织与管理部门之间的业务关联。虚拟商业社会环境（VBSE）的培养目标是培养高潜质、有全局观的实务型岗位管理人员，使学生在进入企业之后有能力胜任岗位工作，懂业务，会管理。学校构建这样一个“跨专业创新创业实训平台”的课程体系：学生从入校开始，在四年的学习过程中，通过学习不同阶段的实验课程，掌握相关的应用技能，适应未来的就业岗位(见图5.8)。

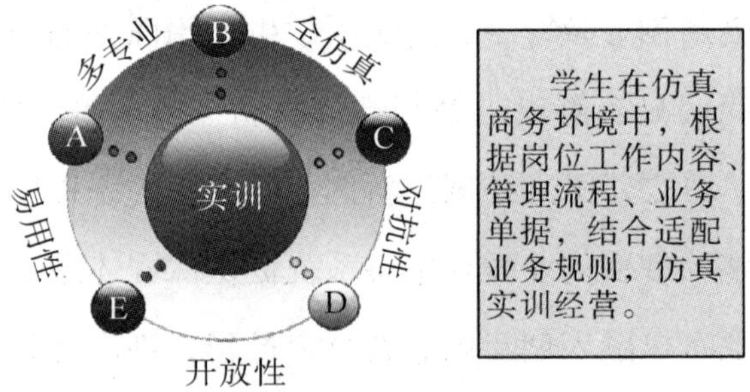

图5.8　跨专业创新创业实训平台的项目特色

跨专业创新创业实训平台项目建设完成后，将与原有的企业经营管理沙盘试验室、ERP信息化试验室一起，构建成为德州学院覆盖经管类专业集群实践教学五大模块、面向学生三层能力培养的综合性平台建设项目。平台的建成能够满足德州学院5个专业、近2 000名学生分别进行试验、实训与实习的教学需求。建成后的经贸综合实训平台也将成为德州学院大学生管理创新活动和创业活动的良好支撑平台，项目的建成也能有效推动德州当地区域经济的发展。(图5.9、图5.10)。

图 5.9 “把企业搬进校园”跨专业创新创业实训平台（效果图）

图 5.10 跨专业创新创业实训平台的训练平台（效果图）

二、大学生创业孵化平台——“七点创业谷”

创新创业教育最终落脚点是实践的检验，德州学院创建的“七点创业谷”这一实践育人平台，为创新创业生态系统的有效落地搭建了实训的舞台。

（一）引进创业型企业入驻，带动大学生创业

2018 年 8 月，德州学院与德州创梦空间签订合作协议，引入资金 300 余万元，共建德州学院创新创业基地——七点创业谷，2018 年 12 月 17 日建成并投入使用。七点创业谷面积 3 000 余平方米，内设有创业书吧、创业苗圃区、创业服务信息港、创业辅导中心、开放式创业区、路演厅、科研成果转化区及健身区等不同的功能分区，以满足不同类型人群的不同需求。基地设有创业工作位 120 个、路演厅 1 个、会议室 1 个、洽谈室 2 个及独立办公区 26 间。

基地面向社会开放，有重点地吸引入驻项目，在增加学校效益、方便大学生生活的同时，提升了学校的社会美誉度。目前，基地已入驻 91 个项目，其中“一块八财税”“58 同城”等公司为大学生创新创业提供服务的同时，为学校的大学生创新创业营造了良好的氛围。

（二）每年遴选大学生创业项目入驻创业谷并进行孵化

七点创业谷建成后，坚持专创融合的原则，发挥高校的专业优势，以专业引领创业。入驻项目中以二级学院和专业引领的项目特色鲜明，如信管学院的机器人试验室、纺服学院的生物印染项目、资环学院的旅游项目、美术学院的漆器工艺品、经管学院的商业运营项目以及试验管理中心生物发酵的精酿工艺等。同时，学校孵化平台对创新创业类国创项目的重点培育也为创业类项目的成功孵化打下了坚实的基础，通过层层培育和支持，仅 2018—2020 年就获批国家级创新创业类项目 60 余项（见表 5.9），目前在孵试的创业项目 44 项；已经取得德州市人社局在校大学生“试创业”奖补资金项目 24 个，取得奖补资金 9 万元。

表 5.9　2018—2020 年德州学院部分创新创业类国创项目立项情况

序号	2018 年	2019 年	2020 年
1	氧化石墨烯的累积对活性污泥降解氨氮的影响研究	蜡染的传承创新及其在服装上的应用	迭代 P-数据生成与大数据的智能迭代剥离-融合
2	展翅腾飞——创新体制下德州扒鸡经济价值再研	小型甜菜收获机的研制	基于共享经济的校园闲置物品交易 APP
3	一种磁分离型的 DNA 甲基转移酶活性检测方法	药用辅料羟丙甲基纤维素对小鼠小肠类器官发育的影响研究	多摄像机监控下行人目标重识别研究
4	垃圾渗滤液浓缩液原位产硫酸根自由基氧化有机物的研究	太阳能直接吸收式印染厂污废水余热回收系统	基于介质集成悬置线的 5G 基站天线研究
5	基于 3D 交互的虚拟现实房产销售平台	可折叠双辊施肥旋耕机的研制	多孔水凝胶的绿色制备及药物的可控释放
6	德州市青少年体质诊断与健康管理研究	两种分离支气管肺泡灌洗液外泌体效果的研究	灵敏检测细胞内活性氧的近红外分子传感器开发
7	“任你读”免费阅读服务计划——网络与传统文化的交融	黑色马铃薯脱毒苗水培快繁技术研究	煤气化灰渣原位合成复合材料及性能研究
8	德州市畜禽养殖业空间布局优化研究	灵敏检测水/土壤中多种重金属离子的卟啉/硼氟类分子传感器开发	生物质纤维负载型 CuOx/C 催化剂的构筑及加氢性能研究
9	基于微信平台的计算机机房报修管理系统	两株具有抗宫颈癌活性的银杏内生真菌次级代谢产物的分离与鉴定	斯玛特智能管道机器人的设计与研发
10	园林树苗固定结构	便携式聋哑交流装置	新型塑料粉碎设备
11	乳清酸金属有机配合物的构筑及药物负载作用研究	桑葚酒渣中花色苷提取及微生物肥料制备	车内高温智能救助系统
12	故障诊断理论在太阳能电池片缺陷检测中的应用研究	基于金超颖表面的形成光学涡旋/阵列的研究	履带式水泥电线杆架设作业车的研制
13	基于碳氢活化反应的联苯类化合物的绿色合成研究	基于 STM32 控制的智能双筒节水洗衣机	突发公共事件下政府与公众间动态信任博弈的情景依赖研究

表5.9(续)

序号	2018 年	2019 年	2020 年
14	生物质衍生多级孔碳材料高效吸附染料废水研究	火星探险车的研制	基于视觉 SLAM 的自主导航无人车研制
15	抗血栓药物中间体对甲基肉桂酸甲酯的合成研究	基于蓝藻治理的银离子缓释超顺磁性纳米银材料研究	基于近红外光谱的乳制品溯源研究
16	产透明质酸马链球菌(兽疫亚种)的离子注入育种	基于新风理论的多功能空气净化器的设计	利用 CRISPR 技术获得低龙葵素含量的马铃薯植株
17	引风机出口热量及植物蛋白粉尘回收装置的设计	"桑遇伞曦"美丽乡镇有限责任公司	用于牛奶中多种抗生素残留检测的金属适配体传感器的构建
18	蛇形机器人	尚艺昆虫工作室	黄伞菌抗肿瘤小分子代谢物挖掘
19	小型秸秆打捆机的研制	基于互联网大数据的防欺诈多组秘密共享方案	基于改进的冰亲和方法分离纯化倭蛙血浆中冰结合蛋白
20	企业集团财务共享中心风险管控研究	"拼"创潮流	紫甘蓝色素的提取及在食品检测和加工工艺监测中的应用研究

(三)帮助大学生的创业项目申请注册公司进入实质性创业

为全面提升学校创业项目的质量，学校在有关支持大学生创业政策的顶层设计上，不仅将培养的入驻项目注册公司列入各二级学院的考核指标，还针对指导老师在工作量和课时以及奖励方面都提出了激励措施，引导二级学院将培养创业项目、入驻创业谷孵化基地、注册创业公司等进行深层打造，既防止了大学生创业项目的中途夭折，也为大学生创业项目注入了政策上的强心剂，为其创业开好头，起好步。截止到2019 年 12 月 31 日，在七点创业谷已入驻的 91 个项目中，已成功注册公司 47 个。

三、大学生创业教育创新试验区——山东省创业教育创新试验区

德州学院省级创业教育创新试验区的建设围绕山东省经济社会发展和产业规划的需要，充分利用和发挥德州学院的资源优势和创业教育方面的成功经验，创新师资队伍建设，创新教育管理和机制，创新人才培养方案、内容和方法，探索独具特色的创业教育培养模式。经过近几年的努力，本试验区围绕建设成为山东省创业型人才培养基地这一目标，不断完善建设，探索和积累了较为丰富的创新创业教育实践经验，为培养地方应用型创新创业人才提供了良好的实践平台。

（一）创新创业教育三个阶段

德州学院“创业教育创新试验区”以经济管理类人才培养模式改革为龙头，充分挖掘全校创业教育资源，积极利用社会政府、企业资源，把创业教育划分为创业普及教育、创业系统教育和创业实践活动三个阶段（见图 5. 11）。

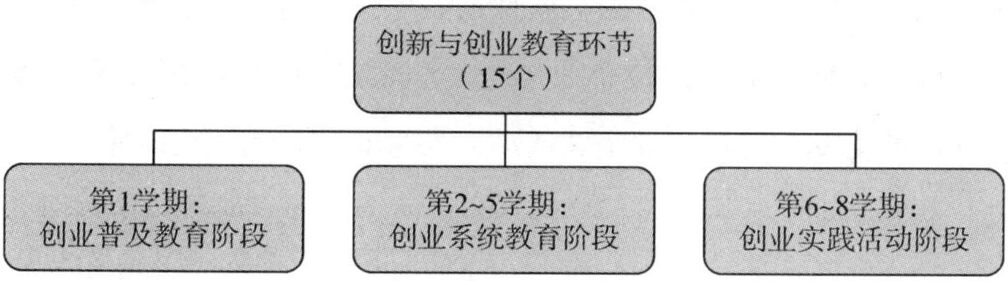

图 5. 11　大学生创业教育三个阶段

创业普及教育阶段（第 1 学期）。本阶段面向全校大学新生开展创业意识培养教育，主要教学任务包括入学教育与指导、创业通识教育、创业基础教育（大学生 KAB 创业基础）、大学生职业生涯设计和大学生创新创业论坛等环节。工作重点是通过开设一系列面向大一新生的创新创业课程、讲座和大学生涯设计，开展本试验区入区学生的报名、考

核与选拔工作。标志是每个入区学生都要完成一份面向创业的大学生职业生涯设计书，以此作为未来大学生涯和就业目标的指导和规划。

创业系统教育阶段（第 2~5 学期）。本阶段面向入区学生开展创业知识与素质系统教育，包括“3+1”和“双专业”两种培养模式。本阶段安排的主要教学任务包括管理学原理、管理经济学、专业理论（会计学、生产管理、市场营销、经济法等）、创业管理和风险管理等课程。教育任务的重点是，进行经济学和管理学视角的理念与应用工具教学，进行专业理论与实务课程的课堂教学与试验教学，进行创业理论与风险理论的课堂教学与试验教学。要求是每个学生都要凝练一个适合自己的创新项目，并完成一份创业计划书，以此作为后两年大学生活和就业目标的指导和规划。

创业实践活动阶段（第 6~8 学期）。本阶段面向全校大学生开展创业项目训练活动，安排的主要活动包括创业项目孵化指导、创业项目训练指导、创业项目实践指导和就业设计等环节。教育任务重点是，在全校范围内遴选创新训练项目和创新性试验项目，指导学生编制商业计划书，开展可行性研究，模拟企业运行，学生进而撰写和完善创业报告书，并以此为基础开展创业实践活动；大量安排和组织校内外大学生科技文化竞赛活动、校内外实践实习活动，尤其是把毕业实习、毕业设计与学生的就业创业紧密联系起来。目标是每一个学生在大学四年能收获创业实践经历和对未来事业充满憧憬与信心。

（二）创新创业教育四个模块

大多数高校创业教育体系由“创业论坛+创业课程+创业计划大赛”构成，本试验区将其拓展为创业意识与通识教育、创业知识与案例教育、创业计划设计与比赛、创业实习与实践教育四个模块（见图 5.12）。

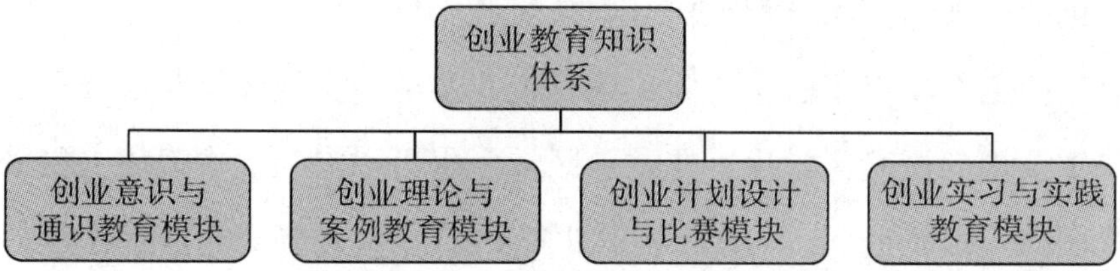

图 5.12　大学生创业教育四个模块

创业意识与通识教育模块。本模块用于营造创业氛围和测评创业素质教育体系，其活动主要包括企业家论坛、专家论坛、学生论坛等。本模块主要采用论坛、讲座和沙龙等方式面向全校学生开设，既关照经管类专业学生，也关注理工科专业学生。本模块通过教学，宣传本试验区人才培养目标、规格和人才培养方案；测试和遴选具备创新创业素质的学生；激发学生创业意识，进而使学生理解创业、认同创业、立志创业。

创业理论与案例教育模块。本模块属于创业理论教育，其活动主要包括管理学、经济学、创业管理、财务管理、市场营销、组织行为学、人力资源管理、生产运作管理、风险管理等创业教育核心课程的教学。本模块主要面向试验区学生，主要采用案例教学、课堂讲授、学生作业与考核等方式开展教学。本模块的教学能使学生系统掌握专业创业理论和工具，使学生奠定扎实的创业理论基础。

创业计划设计与比赛模块。本模块属于创业项目孵化与训练教育，主要活动包括角色模拟、顶岗实习、创新项目设计、创业项目设计和计算机经营模拟等。本模块把“挑战杯”“ERP”“三创杯”“创业大赛”“创富大赛”等大学生科技文化竞赛赛事作为开展教学的载体。创新试验区的学生必须参加这些赛事，非试验区学生也可以参与。本模块的教学能使学生获得竞争、失败等经历，让学生拉近理想与现实的距离。本模块教育学生把更多的精力放在积累知识、提升素质、强化能力上，引导学生克服好高骛远、急功近利的心态。

创业实践与实习教育模块。本模块属于创业项目实践教育，其活动主要包括创新项目试验室试验、项目企业实习、企业注册与运营等。本模块主要面向试验区学生，非试验区学生也可以参与。本模块主要采用组建团队、市场调研、与政府有效融合教育、现场指导企业运作等方式开展教学。本模块的教学能使学生获得走进社会、体验企业、思考创业、“真刀实枪”地创业的经历，引导学生培养勇于创新、敢冒风险的精神，目的是为每一位学生规划和设计一条未来创业之路。

第五节　德州学院创新创业教育生态系统应用的成功范例

理论服务于实践，实践是对理论最好的检验。构建创新创业教育生态系统的最大目的服务于地方应用型高校大学生创新创业教育。近几年，围绕创新创业教育生态系统理论框架，德州学院的大学生创新创业教育从目标导向出发，在人才培养目标的调整、课程体系的构建、系列教材的编写、实践平台的建设等方面进行探索，积极引导，经过几年的实践，本理论的推广在学生中结出了可喜的果实，本书仅选取其中的五个案例进行简要介绍。

一、案例一：在创新创业教育中成长进步的赵××

赵××，德州学院2016级会计学专业学生，2020年毕业。说她是一位在创新创业教育中逐步成长起来的优秀学生，一点也不为过。大学四年，她在入学时是一名懵懵懂懂的学生，在学校创设的良好的教育和成长环境中，逐渐成长为一名优秀的班长。同时，她被选为学院的辅导员助理，是同学和老师的好帮手，连续三学年获得“优秀学生干部”的荣誉称号，并获得“2020 届优秀毕业生”称号（见图 5.13）。大学期间，她还先后担任经济管理学院宣传网络部部长、德州学院辩论社演讲策划部部长，她的兴趣广泛，能力突出，在德州学院 2017 年辩论赛中荣获“十佳辩手”的荣誉称号。

图 5.13　荣誉证书

说起赵××的成长经历，她自己回忆说，在校期间，是学院进行的富有特色的创新创业教育让她对竞赛产生了很大的兴趣。她参加了创新创业方面的科技竞赛，之后一发不可收，以团队负责人的身份策划项目、撰写策划书、组织答辩等。她带领团队荣获了国家级、省级等很多奖项。例如，“老有所 e”项目荣获第五届全国高校商业精英挑战赛“融易孵 · 浩方杯”商业信息化创新创业竞赛二等奖、第十一届山东省电子商务专业大赛总决赛一等奖（见图 5.14）；“E 游亦友”荣获 2018 年全国高校商业精英挑战赛创新创业竞赛全国总决赛三等奖、第十二届山东省电子商务专业大赛总决赛二等奖，荣获 2018 年度社科奖第九届全国高校市场营销大赛全国复赛一等奖、“大鹏教育杯”风暴印象广告设计挑战赛国家级一等奖；“‘微水果信兄弟’水果兄弟微信营销平台”荣获第七届全国大学生电子商务“创新、创意及创业”挑战赛山东赛区总决赛二等奖；“楚霖国际商贸天下”在第三届山东省“互联网+”大学生创新创业大赛中荣获 C 等级三等奖（见图 5.15）。

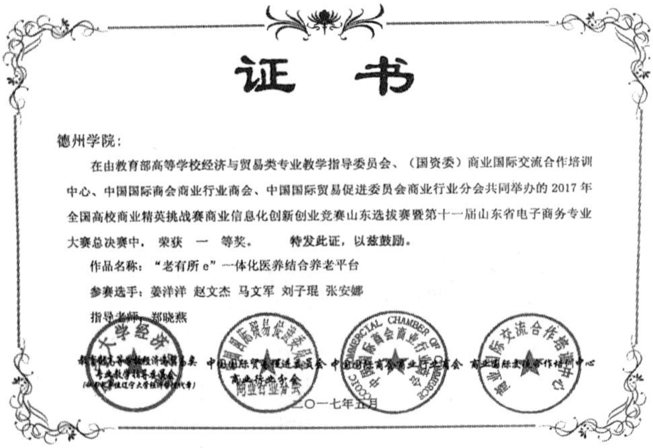
证 书

德州学院：

在由教育部高等学校经济与贸易类专业教学指导委员会、（国资委）商业国际交流合作培训中心、中国国际商会商业行业商会、中国国际贸易促进委员会商业行业分会共同举办的2017年全国高校商业精英挑战赛商业信息化创新创业竞赛山东选拔赛暨第十一届山东省电子商务专业大赛总决赛中，荣获 一 等奖。 特发此证，以兹鼓励。

作品名称："老有所e"一体化医养结合养老平台

参赛选手：姜洋洋 赵文杰 马文军 刘子琨 张安娜

指导老师：郑晓燕

二〇一七年五月

图 5.14 证书

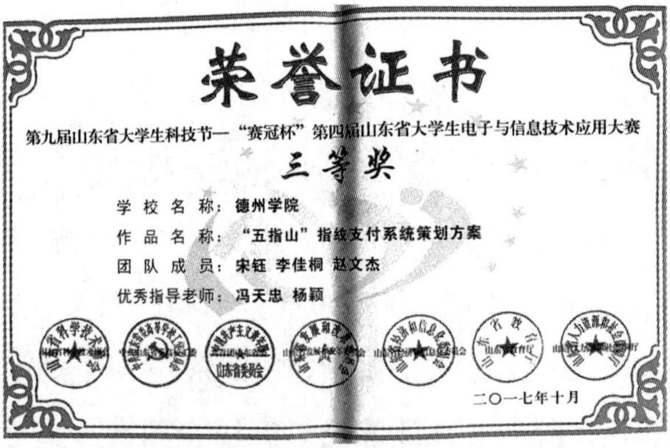
荣誉证书

第九届山东省大学生科技节—"赛冠杯"第四届山东省大学生电子与信息技术应用大赛

三等奖

学校名称：德州学院

作品名称："五指山"指纹支付系统策划方案

团队成员：宋钰 李佳桐 赵文杰

优秀指导老师：冯天忠 杨颖

二〇一七年十月

图 5.15 荣誉证书

学院创新创业教育的最大的特色在赵××的成长经历中体现得非常突出。创新创业教育，特别是融入了课程思政元素的创新创业教育，在启发学生培养创新创业特质的同时，让同学们及时认识到自己全面发展需要的综合素质方面的不足，更能让同学们明确自己努力的方向。正是这些有针对性的教育，使赵××不断地查漏补缺，不断提升自己。她是优秀的学生干部，同时积极上进，努力学习，考取了普通话等级、大学英语四六级、计算机、教师资格证等证书（见图 5.16），还是"青年马克思主义者培养工程"的优秀学员，最终顺利考上了研究生，赵××用更优异的自己回馈母校（见图 5.17 和图 5.18）。

荣誉证书

赵文杰（经济管理学院）同学：

您在德州学院2017年度大学生科技文化竞赛活动中，成绩优异，被评为“德州学院大学生优秀科技文化人才”。

特发此证，以示表彰。

德州学院

2018年4月15日

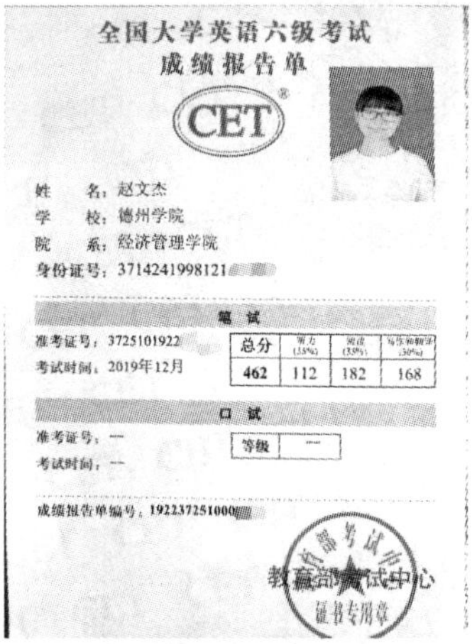
全国大学英语六级考试

成绩报告单

CET

姓　　名：赵文杰

学　　校：德州学院

院　　系：经济管理学院

身份证号：3714241998121

笔　试

准考证号：3725101922

考试时间：2019年12月

总分	听力(35%)	阅读(35%)	写作和翻译(30%)
462	112	182	168

口　试

准考证号：—

考试时间：—

等级：—

成绩报告单编号：192237251000

教育部考试中心

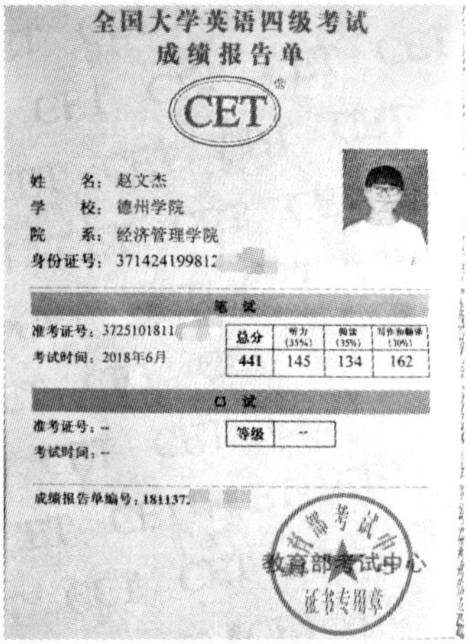
全国大学英语四级考试

成绩报告单

CET

姓　　名：赵文杰

学　　校：德州学院

院　　系：经济管理学院

身份证号：371424199812

笔　试

准考证号：3725101811

考试时间：2018年6月

总分	听力(35%)	阅读(35%)	写作和翻译(30%)
441	145	134	162

口　试

准考证号：--

考试时间：--

等级：--

成绩报告单编号：181137

教育部考试中心

普通话水平测试

等级证书

PSC

国家语言文字工作委员会制

http://www.cltt.org

姓　　名：赵文杰

性　　别：女

身份证号：371424199812

测试时间：2018年03月31日

成　　绩：89.3分

等　　级：二级甲等

测试机构：德州学院普通话培训测试站

证书编号：371804

发证单位

2018年06月24日

图5.16　相关证书

赵××说，每一分付出都有一份收获，无论是在学识上、能力上还是在心态上。她提到冰心在《繁星·春水》中说过“成功的花，人们只惊羡它现实的明艳，然而当初它的芽儿，浸透了奋斗的泪泉，洒遍了牺牲的血雨”。在赵××看来，成功源于不断的奋斗，源于自始至终一点一滴的努力，要不怕困难和耐得住性子，要坚持到底。

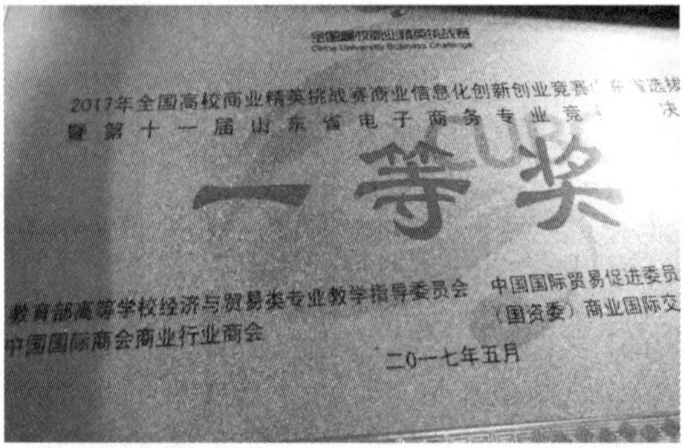

图 5.17　获奖情况

图 5.18　合影

1. 从无到有，信心源于无声胜有声的引导和教育

无论是她的学生干部身份还是比赛荣誉，都是从无到有，慢慢发展而来的，而所有的信心都源自学校有针对性的创新创业教育的引导和她用心的付出。

入学军训期间，学院为了给同学们提供锻炼的机会，为大家创造条件。赵××积极向班主任表明想做班委的想法，想以班级负责人的身份为老师和同学服务，最后以高票数通过竞选，成为 108 人的大班的班长。赵××凭着热情、真诚、踏实、负责日复一日地坚持了四年。她说，自己最初的信心与勇气均源自对同学们的真心付出。

参加科技竞赛也是这样，从学院开设创新创业教育的那一天起，赵××就跃跃欲试，在一次次参赛中摸爬滚打，参赛水平不断提升的同时，也成长为科技创新部和宣传网络部部长，从为同学们传达科技竞赛通知到选修创新创业课程，到与学长学姐组队构思创意，再到在指导老师的帮助下参加各类竞赛并取得成绩，这个过程漫长又艰辛，但她很清楚，从一个连比赛通知都看不懂的小白到荣获国家级奖项的团队负责人，这一路上最重要的一点就是必须一直用心付出。

赵××回忆起参赛经历，记得参加的第一次竞赛是三创赛，第一次写策划书时，她先运用在创新创业课上学习到的知识，后又查阅大量与微信营销有关的资料，随后与团队展开交流，并确定好思路，她就硬着头皮开始写了。逐渐成形的大框架、越来越丰富的内容、为了线上宣传策略同学长、学姐交流、在答辩会议室里回答老师对水果定价的问询……这些都深深地印在赵××的脑海里，她认为，正因为大家为这个项目真心付出、全面准备，她们才获得了小小的成就（见图 5.19），同时也使她有信心、有勇气走上那条创新创业竞赛的道路。

获奖证书

"微水果信兄弟"水果兄弟微信营销平台

你队的作品荣获第七届全国大学生电子商务"创新、创意及创业"挑战赛山东赛区总决赛

二等奖

特发此证，以资鼓励。

团队成员：吕佳铭、李欣钢、陈丽梅、姜洋洋、赵文杰

指导老师：潘光杰、孙志胜

教育部高等学校电子商务类专业教学指导委员会

编号：SDSQ201718605

2017年[illegible]

图 5.19　获奖证书

电子商务竞赛使她步入一个全新的阶段。尽管已有之前三创赛写策划的经验，但毕竟不够专业和完美。这一次，她才真正体会到精益求精。赵××说，她们的创意是做一个针对空巢老人的服务平台，在社会背景、项目板块、宣传途径、财务预算、发展前景及项目名称命名等环节，团队与指导老师进行了无数次交流，直到定稿。为了能真实地体会老年人的身体和心理需求，让项目真实有用，她还多次去德州的几所敬老院与院长和那里的老人们进行交谈采访，还曾去学府家园、领袖天衢等社区发放调查问卷，从而了解实际情况。完成项目策划后，她们依然没有松懈，精心设计了易拉宝展架、宣传册、PPT 等，并开展精彩且有创意的演讲。赵××说，每一次比赛都汇集了指导老师和团队每位成员的心血、智慧与劳动，这让她信心百倍（见图 5.20）。

证 书

德州学院的参赛作品《"老有所 e"养老平台》荣获第五届全国高校商业精英挑战赛"融易孵·浩方杯"商业信息化创新创业竞赛 二等奖。

团队学生成员：刘子琨、赵文杰、姜洋洋、张安娜、马文军

优秀指导教师：郑晓燕

图 5.20　证书

2. 从理论到实践，加强理论与实践的融会贯通

在创新创业课程的学习过程中，赵××了解到创新创业已上升到国家的战略，而大学生有志向、有学问、有想法、有激情，常常被看作创新创业的主角，再加之创新创业老师的悉心引导与支持鼓励，这让赵××对创新创业竞赛产生了浓厚的兴趣。她学用结合，加强理论与实践的融会贯通，为取得之后的成功奠定了基础。在她看来，书本中的知识就像巨人的肩膀一样可以供我们在上面眺望，但能不能再进一步就取决于自己的行动了，理论与实践相辅相成，才能助人成功。例如，参加市场营销大赛时，市场营销专业的同学在项目的营销方面进行专业性探索，而需要财务分析的时候，她便可以发挥自己的专业优势，扎实的理论基础配上手脑兼备的实践探索为成功提供了可能（见图 5.21）。

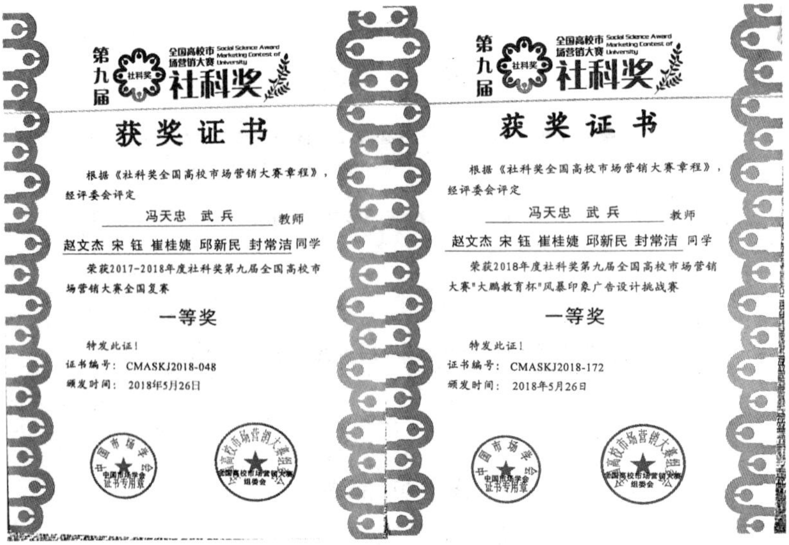

图 5.21　获奖证书

3. 从耐住寂寞到守住繁华，综合素质的提升助推个人全面成长

回首大学的经历，她很感谢自己的坚持。她说，在备战比赛期间，班级和学生会的工作也很繁重，为了不把事情耽误或拖到第二天，经常需要熬夜加班才行。无数个寂静的夜晚中，她独自坐在桌子旁摆弄电脑，不是写微信推文就是写比赛的策划书或者 PPT，为了不吵到舍友，她从来不用鼠标，以防发出刺耳的杂声。

当她一次次带领学弟学妹参加电子商务竞赛时，没有因为之前取得佳绩而骄傲，也没有因为困难而畏首畏尾。她知道每次参加新的竞赛就意味着一切都要重来，包括创意构思、策划撰写、新团队配合、演讲形式等，全都不是易事，但她坚持自己内心的想法。她说，沉浸在过去的喜悦和成就中是弱者的表现，见好就收和不进而退则辜负指导老师的指导。她不仅尽到了团队负责人的责任，还毫无保留地将经验传递给下一届学生（见图 5.22）。

证　书

德州学院：

在由教育部高等学校经济与贸易类专业教学指导委员会、（国资委）商业国际交流合作培训中心、中国国际商会商业行业商会、中国国际贸易促进委员会商业行业分会共同举办的 2018 年全国高校商业精英挑战赛商业信息化创新创业竞赛山东选拔赛暨第十二届山东省电子商务专业大赛总决赛中，荣获　二　等奖。

作品名称：“E 游亦友”—此人故乡，彼人向往

参赛选手：赵文杰　崔桂婕　邱新民　褚梁　陈芸

指导教师：闫冬云　郑晓燕

二〇一八年五月十五日

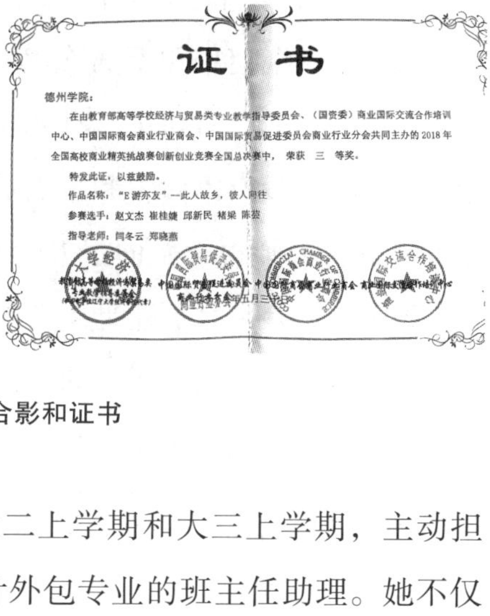

证　书

德州学院：

在由教育部高等学校经济与贸易类专业教学指导委员会、（国资委）商业国际交流合作培训中心、中国国际商会商业行业商会、中国国际贸易促进委员会商业行业分会共同主办的 2018 年全国高校商业精英挑战赛创新创业竞赛全国总决赛中，荣获　三　等奖。

特发此证，以兹鼓励。

作品名称：“E 游亦友”—此人故乡，彼人向往

参赛选手：赵文杰　崔桂婕　邱新民　褚梁　陈芸

指导老师：闫冬云　郑晓燕

图 5.22　团队合影和证书

综合素质不断提升的赵××，在大二上学期和大三上学期，主动担任经济管理学院 2017 级、2018 级会计外包专业的班主任助理。她不仅热情善良，还极具责任感。作为班主任助理，她特别珍惜与学弟学妹们相处的日子，想不遗余力地帮助他们尽快适应大学生活，希望他们保持对大学的一切憧憬向往，那段时间她总是奔波于军训操场和上课教室，没课的时候就去陪他们，军训过后晒得和他们一样黑，除了自己班里、

学生会的事情，她当时还面临考证、考研的学业压力，不过还是坚持做下来了，并通过了当时准备的计算机二级考试、教师资格证考试、大学英语四、六级考试等（见图 5. 23），而最令她感到幸运的是，她的一片真心也换来了学弟学妹们的喜欢和感动。

图 5. 23　相关考试证书

大三下学期赵××开始准备考研，她很珍惜这个可以去更好的平台实现自己梦想的宝贵机会，开始沉下心学习。逐步成长起来的赵××在考研期间始终没有因为苦和累而放弃，反而很享受学习带给她的快乐。尽管 9 月份老师得知她的报考学校后善意地劝她换一所好考一点的院校，她思考一晚上之后还是决定不更换学校，拼下去，最终她获得了让自己满意的高分。赵××说，感谢自己一直以来的坚持，就算事事不会全都如愿，但她仍然为自己开心、骄傲，她知道，她已经进步和成长了很多（见图 5. 24）。

图 5.24　相关荣誉

赵××说，道阻且长，行则必至。带着大学期间满满的收获和感悟，带着对母校深切的热爱与感恩，她会继续努力，成为一名更加优秀的人。

二、案例二：在创新创业教育中全面发展的程××

程××，德州学院 2017 级市场营销专业学生。从大一入学至今，曾担任经管学院体育部部长、德院辩论社部长等职务，曾多次在大学生科技文化竞赛中获得国家一等奖、省特等奖等奖项。例如，“校园百帮”荣获 2019 年全国高校商业精英挑战赛创新创业竞赛山东省总决赛本科创业组特等奖，“校园百帮创业计划书”荣获2019年全国高校经营挑战赛“云泽杯”创新创业竞赛全国总决赛一等奖，“I'm bodi”空巢青年心理健康系统荣获第八届全国大学生电子商务“创新、创意及创业”挑战赛山东赛区三等奖、2019年全国高校商业精英挑战赛商务谈判全国总决赛一等奖、2019年流通业经营模拟竞赛全国总决赛二等奖。

程××可以说是一个全面发展的优秀典型，她作为一名女生，不仅担任过经管学院体育部部长，还担任德院辩论社部长，她在很多领域发挥自己的特长。例如，她喜欢主持，是经管学院优秀的女主持人；她热爱运动，在校运动会上取得了长跑第二名的好成绩。

在谈到自己的发展时，程××说，自己在大学期间最大的收获是通过创新创业教育锻炼了自己的各项技能和综合素质。在获得诸多荣誉的同时，程××并没有停止前进的步伐，她不仅在课堂上积极探索，还踊跃参加学校组织的各项活动。程××在刚入校时就对各种科技文化比赛充满兴趣，因为在高中时学业压力比较大，没能得到较好的锻炼，因此程××积极参加大学校园里的各项竞赛，抓住一切机会提升自己。

大一第一学期，学校为了让大一新生更好地融入校园环境，专门开设了创新创业课程，这恰好是程××的兴趣所在。程××说她在创新创业中学到的好多知识都可以运用到比赛中去，这门课程给同学们提供了极大的帮助。

1. 亲身实践，收获颇丰

初入大学时，程××和所有的小萌新一样，对大学生活充满了向往与热爱，同时，在和学长学姐们的交流逐渐增多之后，程××知道，若想拥有一个不让自己后悔的青春，必须要得到全方位的锻炼，这样才能全面发展，在日后的学习和工作中脱颖而出。在前辈们的介绍下，程××对学校里的竞赛有了大体的认知。

刚开始在创新创业的课堂上，程××每次都积极发言，讲述自己的理解，逐渐掌握了一些知识，但是，她并不满足于此，于是便开始了深层次的探索。在学校里，很多大一新生由于初入学校，进入一个新环境，并不会积极参加大型比赛，觉得自己做不好而不敢去尝试，但是程××没有胆怯，她寻求老师和学长学姐们的帮助，在老师的指导下，她知道自己要主动出击。于是她便找熟识的学长学姐，问他们是否需要找人参加比赛，学长学姐们看在眼里，一有比赛就询问程××的想法，问她要不要加入。程××都毫不犹豫地答应并且提升自己。在与学长学姐们一起比赛的过程中，程××掌握了写策划、做 PPT、演讲等技能。终于，程××学到了课堂里学不到的知识，锻炼了自己，提高了创新创业的能力，获得了大家的一致赞赏。

2. 披荆斩棘，再获佳绩

其实在 2018 年，程××已经参加了一次电子商务大赛并且凭借“I'm bodi”空巢青年心理健康系统获得了山东赛区三等奖，但是程××觉得自己还没有拼尽全力，没有获得满意的成绩，因此决定再战。

于是程××在 2019 年大二期间参加了电子商务大赛（见图 5. 25），第二次参加大型比赛的程××既熟悉又陌生。熟悉的是比赛中的很多问题在课堂上老师们都讲过，自己也参加过一次，对比赛流程也较熟悉。但更多的是陌生，比如写策划、做公众号等，已经不能按照老路子来了，必须要做到创新。

图 5. 25　参赛及获奖

很快，程××逐渐冷静下来，她知道自己在这干着急是没有用的。于是她便开始分析这个比赛的特点和要求，同时请教了指导老师，在老师的建议下逐渐理清了头绪。在之后的一段时间，程××找好了和自己一起参加比赛的队友，并且在和队友的商榷下确定了队伍方向，在团队的不断磨合下，借鉴了前几届比赛获奖者的经验，最终创造出了“校园百帮”这一比赛作品，该作品虽然前期不够完善，但后期在老师的指导下逐渐完善了起来。然后，团队在写策划的过程中做好了分工，在老师的指导下丰富了策划内容，最终提交了一份令人欣慰的答卷。

接下来就是校内答辩的环节了，由于队伍内的成员并不是同一个班级的同学，再加上当时的课业压力较重，所以队伍能聚起来排练就十分不易。程××在确定了同学们的课表之后，决定在课余时间进行队伍排练，每天中午下了课就去找一个空教室，开始队内练习，有时候练到忘记了吃午饭，然后又赶着去上课。程××说，每次回想起来那段时间真的很幸福，有满满的充实感。

在充分的准备下，答辩进行得十分顺利，团队成功进入了省赛，并且在省赛中获得了特等奖的优秀成绩，在接下来的国赛中也取得了一等奖，给电子商务大赛画上了圆满的句号（见图 5. 26 和图 5. 27）。

图 5. 26　校园百帮创业计划书

证　书

德州学院的参赛作品《校园百帮创业计划书》荣获2019年全国高校商业精英挑战赛“云泽杯”创新创业竞赛全国总决赛（网络评审）

一等奖

团队学生成员：王雅敏、梁凤林、王丽、董丽媛、程博豪

优秀指导教师：毛丽君、许倩倩

图 5.27　证书

3. 努力前行，步履不停

在参加完电子商务大赛之后，程××又参加了“商务谈判”比赛，在老师的指导下同样取得了可喜的成绩（见图 5.28）。

证　书

德州学院的“疯狂队”参赛队荣获 2019 年全国高校商业精英挑战赛“有道商创杯”商务谈判竞赛全国总决赛 二等奖。

图 5.28　证书与合影留念

随着年级增高，她对创新创业的热情依然不减，更积极地准备着各类的比赛。虽然准备比赛要消耗大量的精力，但这完全没有影响到程××的学习；同时，她还担任体育部部长、德院辩论社部长等，在担任体育部部长期间组织经济管理学院运动员参加校运动会并获得了校级第三名的好成绩，打破了经管学院多年无奖的僵局，得到了系领导的极大认可。她在担任辩论社部长时又积极组织辩论活动，开设辩论赛，促进了社团的成长，壮大了社团规模。此外，程××对自己也毫不松懈，她曾

多次在校级活动中获得佳绩，还积极组织同学们参加活动，给同学们树立了良好的榜样。

虽然程××已经取得了优异的成绩，但是并不停止前进的步伐，她说“路漫漫其修远兮，吾将上下而求索”是自己奉行的准则，不管怎样，都要踏实走好每一步，才能让自己未来无悔，青春无悔！

案例三：在创新创业教育中成长起来的李××

李××，德州学院2019届工商管理专业毕业生，现就职于中国农业银行德州分行营业部。在校期间，他担任经管学院学习部副部长、外联部部长、德院辩论社主席等，曾多次被评为优秀班干部、优秀共青团干部。他参加各项科技文化竞赛并荣获国家级、省级奖项十余项，院系级奖项若干，还曾在德州学院第七届模拟招聘大赛中获得冠军。用李××的话说，面对诸多荣誉，我要感谢学校的创新创业教育，学校的创新创业教育使得我在一次又一次的大赛中从一个对创新创业一无所知的“小白”逐步成长为综合素质及创新创业能力较强的人。

1. 缘起课堂，创新领航

初入学校时，李××如多数初入大学校门的同学一样，对学校的事物充满了好奇，从没听说过科技竞赛，更未曾想过要培养自己的创新创业能力，总觉得那些与自己的距离很遥远。但从大一开始，学校就为同学们量身定制了一套完整的创新创业教育体系。在理论课程方面，大一刚入学，学校就设置了创新创业方面的启蒙课程“大学生创新教育”，引导大家从大一开始就培养对创新思维和创新能力培养的兴趣。

后来，学校有针对性地面向全校学生开设公共选修课程“创业基础”，其中既包括创业基础理论知识，也有大量的创业基础案例与实训内容。老师在授课时，结合严峻的就业形势，引导大家如何谋求以创业带动就业，特别是将各项创新创业竞赛有机融入课程，不仅拉近了学生与创新创业教育的距离，也使得创新创业教育变得简单易懂。无论是团队组建，创业机会的寻找，创业资源的获取，还是创业计划书的撰写，通过接受这些教育，李××对创新创业产生了极大的兴趣，也更加坚定了他大学四年在创新创业大赛这条路上一直走下去的信心。用李××的话说，老师的讲解让我明白了这样一个道理，无论是学习创业知识，还是用所学知识参加竞赛，最终目的是提升自己的综合素质，这样能让自己在将来顺利走向社会。

2. 初次见面，“三创”你好

带着在课堂上学到的参赛的理论知识与极其浓厚的参赛兴趣，在2016年的那个夏天，李××与“三创”见面了（见图5.29）。初次参赛，熟悉的是老师在课堂上讲过的参赛事项，陌生的是对于比赛报名之后的作品创作等环节。初次参加比赛，李××遇到不少难题。首先是参赛团队组建，团队由四名不同专业的同学组成，由于是第一次参加，团队在人员设置及作品的选择上显得不是那么专业，最终是在模仿前辈们的作品基础之上生成了自己的作品——“e帮到底”（见图5.30）。这个项目主要以提供校级互助性服务为主，虽然项目不是十分新颖，但经过了多次的打磨与排练，在不断完善中，与小伙伴们一起努力，最终获得了山东省“创新、创意与创业”挑战赛省级三等奖。

图5.29 三创赛

图 5.30　e 帮到底

虽然此次比赛的策划书写得不是那么尽善尽美，答辩演讲准备得也不是那么充分，比赛名次也不是那么尽如人意，但这次比赛，是大家在接受学校及老师为大家开设创新创业教育之后的第一次参赛实践，为以后参加比赛打开了一扇大门，奠定了基础。

3. 再次见面，不断成长

在有了第一次的小试牛刀之后，作为创业团队队长的李××，也在比赛中有了自己的想法与体会。在 2017 年的三创赛中，李××总结经验教训，决定重整旗鼓，再战三创（见图 5.31）。首先，他在组建团队时认真听取指导老师的意见，寻找了不同年级、不同专业的同学。在创意选择上，也不再天马行空，而是结合当下热点，把传统与现代科技、电商相融合，最终，结合乡村振兴与新农村建设的大背景，团队构思了乡村民俗这一框架，做了“老村掌”农村电商平台（见图 5.32），旨在服务新农村建设大潮中合村并居的村民。

图 5.31　再战三创

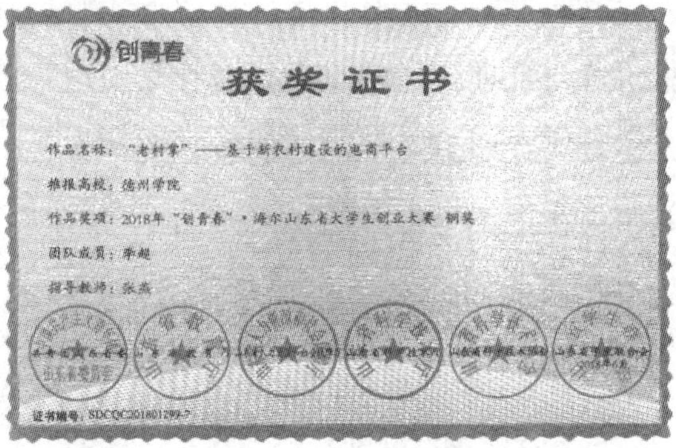

图 5.32　获奖证书

当然，除了作品本身的进步之外，策划书也写得更为专业与精致，因此，李××的团队在初赛中脱颖而出。进入省赛后，李××的团队在有着丰富创新创业实践经验的指导老师的指导下，对 PPT 及答辩形式做了进一步的深化与创新。回忆过去，团队曾经为了作品能接地气，深入田间，走进乡村进行实地调研，更为了一张 PPT 背景图的真实性而走遍德州城区，还为了获得更好的舞台表现力而多次排练到晚上十点半。这次更为专业的参赛细节准备与大力付出使得李××及其团队获得了第七届全国大学生电子商务三创挑战赛山东赛区一等奖、国家级三等奖的骄人成绩。

4. 量身定制，落地孵化

如果说前两次的不断进步得益于学校与老师的创新创业课堂教育，那第三次参赛（见图 5.33）更多的是得益于学校为大家量身定制的创新创业教育实践培训体系。除了理论学习之外，学校设置了课外实践试验课程。沙盘模拟训练就是其中较为重要的实践课程，在沙盘训练中，学生从管理者的角度出发，统揽大局，从采购到销售直至全过程的企业管理，都是自己在做抉择，在无形之中就锻炼了大家在残酷的市场竞争中要想脱颖而出的创新意识。另外，学校组织的对优秀企业的实地观摩也让同学们在认知层面上对企业有了更为深入的了解，让学生真真正正地触碰到了企业运营与管理。另外，学校有计划地组织各类科技竞赛讲座、路演等，更是大幅度地提升了同学们的参赛积极性，大家的综合素质及参赛能力也在实践中不断提升。

图 5.33　第三次参赛

随着学校对创新创业教育的大力推进，李××及其团队向 2018 年的“三创赛”发起了冲击。此次比赛过程中，李××利用所学的创新创业团队组建的知识点，在组队上首次与信管学院的同学进行了合作，满足了创新创业教育中团队组建的人力资源互补优势的要求；选题方面团队不仅注重了创新，还考虑了项目的落地性与可操作性，最终选定医养健康方面的选题，做了“医生有你 365”家庭健康管理类 APP 项目。在接受了几次指导教师的集中培训后，大家在答辩环节的表现形式更为丰富，比如答辩 PPT 采用快闪等新颖的方式，还做了三折页、易拉宝等。最终，该团队获得了第八届全国大学生电子商务创新创意创业挑战赛山东赛区特等奖、国家级二等奖的好成绩（见图 5.34）。

图 5.34　获奖证书

在大赛中脱颖而出的李××的项目也在学校开展的大学生创新创业计划训练项目”中顺利立项，进入学校孵化基地落地孵化。同时，在学校的引荐中，该团队与企业签订了合作协议，在创业实践中迈出了可喜的一大步。

5. 勇于实践，收获颇丰

在校学习期间，尽管李××多次参赛，把很多精力用在了参加各类大赛上，但是，李××的学习成绩不仅没有耽误，而且还两次获得奖学金，同时，还担任学习部副部长、外联部部长、德院辩论社主席等职务，曾多次被评为优秀班干部、优秀共青团干部。他还积极参加党校学习并取得 95 分的优秀成绩，成功被推选为入党积极分子。历数李××的参赛之路，曾荣获国家级、省级奖项十余项，在高校商业经营挑战赛暨第三届海峡两岸流通业经营模拟大赛中获得国家级二等奖，在山东省“创青春”大学生创业大赛中获得三等奖，在德州学院第七届模拟招聘大赛中获得冠军。在毕业之际，李××在校期间的丰富的参赛经验和不断提升的综合素质，得到了招聘单位的一致好评，先后有三家国有企业向李××抛出橄榄枝。

案例四：那些年的创业路——王××

王××，2015 级工商管理专业学生，是在校期间深受学校创新创业教育课程影响的学生之一。在校期间他是经管学院学生会科技创新部负责人，他在搞好学习这一主业的同时，组建团队，自主创业，用王××自己的话说，学校的创业教育是他创业道路中的引路石，学校的创新创业教育不仅点亮了他的人生，为他指明了人生的方向，而且让他不断提高素质，提升人格，激发出他无穷的生命活力。也正是在这样丰富多彩的大学生活中，他先后获得 2016 年娃哈哈大赛二等奖 、2016 年电子商务大赛三等奖，在 2017 年三创赛上获省级一等奖、国家三等奖，在 2016 年市场营销大赛上获省级一等奖、国家三等奖，在 2018 年两岸流通业模拟经营大赛上获国家一等奖。

1. 了解创新，认识创业

刚步入大学的学生对许多事情还不是那么熟悉，不明白何为创新创业，如何进行创新和创业。因此学校在大一就为学生搭建完整的创新创业教育体系，王××也在此与创新创业结缘。“创业基础”“专业创新设计”“创业管理”“创业实务” 等都是学校为创新创业教育而设立的特色课程，除了理论知识的讲解与传授，该教育体系还设立很多课堂实践与课堂游戏，模拟真实创业情景与企业管理情景，让学生尽可能多地通过课堂教育对创新创业拥有全新认识。王××在第一次课程学习过程中就发现自己对创新创业有非常浓厚的兴趣，便在大一加入了学院的学生会科技创新部（见图 5. 35），想要进一步通过实践丰富自己的创业经验。

图 5.35 学生会科技创新部

2. 竞赛引领，提升素养

为了激发学生创新创业的兴趣以及提升学生创新创业的能力，学校组织了多项创新创业和科技文化竞赛活动。王××作为科技创新部负责人，参与多项竞赛并取得省级、国家级奖项若干（见图 5.36）。

图 5.36 获奖合影

电子商务大赛是王××大学期间参与的第一个竞赛，那时候他还是一个刚步入大学的比赛“小白”，不懂得创新创业方案的构成，不熟悉参赛的过程，不知道如何让项目孵化落地。学校因此为每个参赛团队委派了指导老师，从创业方案主题的拟定、策划案的撰写以及参赛过程中的演讲表述到最后的项目孵化，指导老师耐心地讲解每一个细节。所谓师傅领进门，修行在个人，在老师讲解的基础上王××也不断地努力学习，从各个渠道学习经验和技巧，经过半年的时间，王××的第一个竞赛项目“纤丽美”获省级一等奖（见图 5.37）。在这个过程中，李××不仅提升了团队协作、策划撰写、公开演讲能力，也为后面的创新创业以及竞赛奠定了坚实的基础。

图 5.37　纤丽美项目

娃哈哈营销大赛是由学校与娃哈哈集团联合举办的营销大赛，王××之前拥有了一定的竞赛经验，此次被选为团队的队长，在接近一个月的时间内，他在营销的过程中充分熟悉了销售的艰难与不易（见图 5.38）。

图 5.38　营销活动

"创新、创意及创业"挑战赛（简称三创赛）。此时王××已经大二，在经过了一年创新创业理论知识的学习以及竞赛经验的积累，他的创业项目初见雏形。三创赛是众多创新创业赛事中较为重要的一项，王××也因此两次与该比赛结缘。其中第一次参赛项目为"优简新生活"，旨在顺应微商发展大趋势及提高顾客信任度，"优简新生活"是一个集检验与推荐于一身的微信公众平台（见图 5. 39），这个项目在老师的指导下最后获得国家三等奖、省级一等奖。

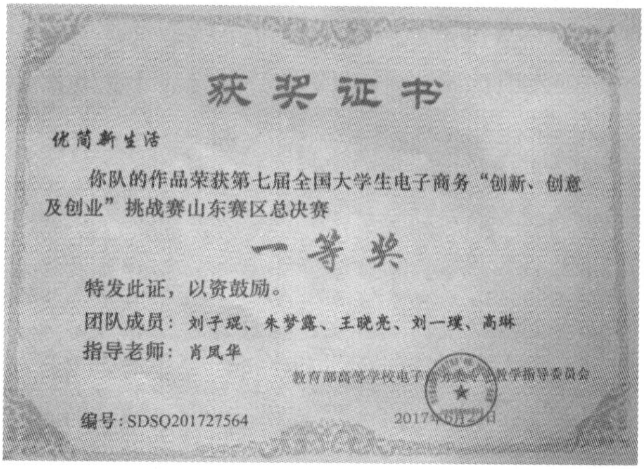
获奖证书

优简新生活

你队的作品荣获第七届全国大学生电子商务"创新、创意及创业"挑战赛山东赛区总决赛

一等奖

特发此证，以资鼓励。

团队成员：刘子琨、朱梦露、王晓亮、刘一璞、高琳

指导老师：肖凤华

教育部高等学校电子商务类专业教学指导委员会

编号：SDSQ201727564

2017年

图 5. 39 "优简新生活"项目及获奖证书

市场营销大赛。该次大赛为全国性的竞赛，王××此次为营销参赛团队的队长，他深知营销的艰难与不易，但是他也明白创业需要的就是这种“明知山有虎，偏向虎山行”的精神。最后在他的带领下，团队成员日夜努力，最后取得了骄人的成绩（见图 5.40）。

图 5.40　市场营销大赛

模拟经营大赛。这是一项国家级赛事，赛事主要内容为模拟企业经营情况，处理企业经营中面临的各项问题。王××作为工商管理专业的学生，对此种比赛很感兴趣，他利用自身掌握的专业知识以及对企业经营独特的见解，在此项比赛中不仅印证了自身对于企业经营模式的一些想法，更是多次获得国家一等奖（见图 5.41）。

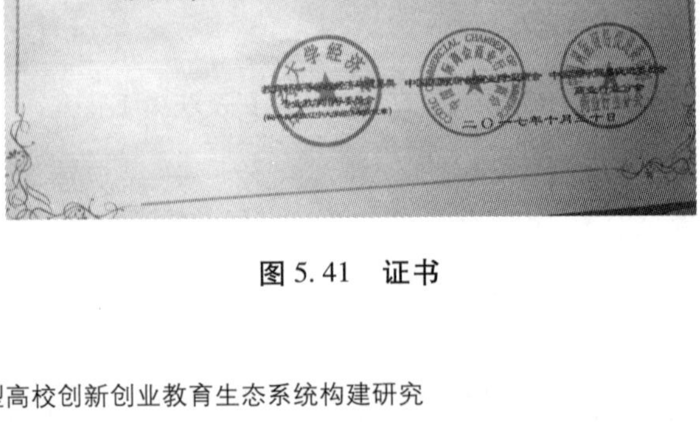

证　书

王晓亮 同学：

你所在的团队“实力”在2017年全国高校商业精英挑战赛“国泰安杯”流通业经营模拟竞赛暨第四届两岸三地大学生流通业经营模拟大赛大陆地区总决赛中，荣获

一等奖

特发此证，以资鼓励。

二〇一七年十月二十日

图 5.41　证书

3. 羽翼渐丰，畅游职场

2019 年 6 月，王××从德州学院毕业了。他走的时候并不像很多人说的那样，“回看学校，发现四年自己并没有收获什么”，离开的时候他带走了在学校学习的扎实基础知识、四年竞赛积累的创新创业想法与经验以及对未来创业道路的憧憬与期待。现在的他正就职于一家知名人力资源集团企业，从事猎头工作。所谓要创业先择业，尽管他目前的工作看起来和创业关系不大，但是他现在已经是公司的合伙人之一，这也属于创业的一种。他目前所做的工作，所接触的人和事，都是在为他后面的创业想法铺垫基石。王××现在回顾自己的发展之路，心里最多的是感恩，感谢德州学院的创新创业教育将自己带领上了创业之路。他展望未来，信心满满。

案例五：在“创”中探索，在“赛”中成长的大学生褚××

褚××，中共预备党员，德州学院 2017 级市场营销本科专业，目前大三在读。在校期间，担任经管学院市场营销班班长、学生会学习部部长、德院辩论社主席等职务，获得过校级奖学金和国家励志奖学金，多次被评为优秀班干部、三好学生、优秀共青团干部。褚××在校期间还积极参加各项科技文化竞赛并获国家级及省级多项荣誉，2019 年获得全国高校商业精英挑战赛“云泽杯”创新创业竞赛全国总决赛一等奖；2018 年获得全国高校商业精英挑战赛“国泰安杯”营销模拟极决策竞赛暨第九届海峡两岸大学生营销模拟决策大赛大陆地区总决赛一等奖；2019 年获得第十届山东省大学生创业计划大赛总决赛三等奖；2019 年获得社科奖“第十届市场营销大赛”省级二等奖；参加 2019 年获第九届全国大学生电子商务“创新、创意及创业”挑战赛山东赛区省级选拔赛特等奖，并通过选拔入围全国现场赛，获得 2019 年第九届全国大学生电子商务“创新、创意及创业”挑战赛总决赛二等奖。

褚××回忆自己的大学时光，参加各类科技文化比赛仍让他记忆犹新，参与比赛的过程也令他感慨万千。从最初的懵懂地组建团队，在兴奋和激动中听动员讲座，在纠结和分歧中选择项目，直到在团队商讨中思考打磨，走过的每一步都清晰地留在他的脑海，回味无穷。

知道“创业大赛”后，褚××不曾幻想这个比赛会与他产生关联。但在进行创新创业教育课程的学习后，褚××对“它”产生了极大的兴趣。随后他组建团队，设定目标，选题，讨论。在满怀热情和斗志中，团队成员不仅体会到团队协作的乐趣，还收获了许多奖项。但比赛的意义并不仅仅在于结果，过程更让他们受益匪浅。

1. 第一次参加“创新创业”竞赛

褚××之前从未接触创业，更没有任何经验，启蒙教育正是“大学生科技创新教育”课程，他在课堂上初步了解了大学生创新和创业。紧随其后的是学校面向全校学生开设的“创业基础”课程，褚××在好奇中跃跃欲试，开始报名参加校级创业大赛。在指导老师的指导下，褚××和他的伙伴们开始用创业课上学到的创业团队、创业选题、创业计划等知识点，尝试组建团队，做创业大赛的选题。一旦萌生一个小小的想法，他就立即去互联网查阅相关资料，并从资料中获取新的想法，再去查阅相关信息。在老师的指导下，经过不断摸索、多次打磨，项目计划书也就此诞生。

经过多轮筛选、答辩，褚××和他的团队获得了第十二届山东省电子商务专业大赛省级二等奖、全国高校精英挑战赛创新创业竞赛全国总决赛的三等奖（见图 5.42）。

证　书

德州学院：

在由教育部高等学校经济与贸易类专业教学指导委员会、（国贸委）商业国际交流合作培训中心、中国国际商会商业行业商会、中国国际贸易促进委员会商业行业分会共同主办的 2018 年全国高校商业精英挑战赛创新创业竞赛全国总决赛中，荣获 三 等奖。

特发此证，以兹鼓励。

作品名称：“E游亦友”—此人故乡，彼人向往

参赛选手：赵文杰 崔桂婕 邱新民 褚梁 陈芸

指导老师：闫冬云 郑晓燕

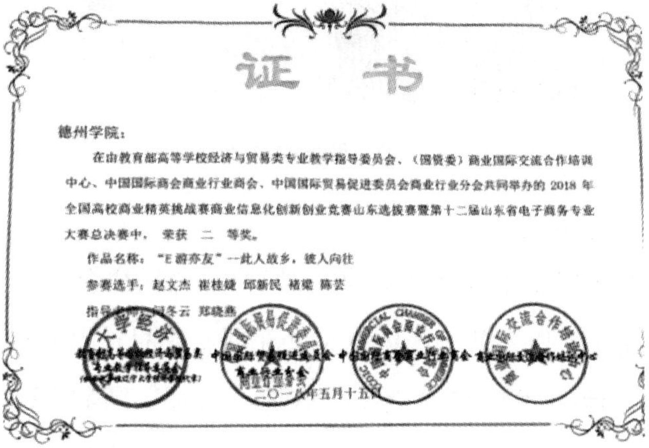
证　书

德州学院：

在由教育部高等学校经济与贸易类专业教学指导委员会、（国贸委）商业国际交流合作培训中心、中国国际商会商业行业商会、中国国际贸易促进委员会商业行业分会共同举办的 2018 年全国高校商业精英挑战赛商业信息化创新创业竞赛山东选拔赛暨第十二届山东省电子商务专业大赛总决赛中，荣获 二 等奖。

作品名称：“E游亦友”—此人故乡，彼人向往

参赛选手：赵文杰 崔桂婕 邱新民 褚梁 陈芸

指导老师：闫冬云 郑晓燕

图 5.42　证书

2. 艰难的组队之路

褚××的队伍组建过程困难重重，他也曾气馁，也想过退却，好在指导老师张燕察觉到他的心理变化，及时和他进行交流沟通。在交谈中张老师得知是队伍组建问题后，用一句话让褚××重树信心：“参加比赛就是一个完善自己的过程，组不起来队伍的话我来帮你组队。”褚××一直将老师的肺腑之言铭记于心，依靠老师带给自己的信心成功解决组建团队的问题（见图 5.43）。

组建一个优良的团队可谓先兵之计，要充分考虑优势互补、资源组合，要突出每一位团队成员的特长，发挥其最大作用。在舞台表现力、财务知识、管理才能、市场分析能力、计算机技能等方面，团队成员各有所长，这样才能让项目大放异彩。

图 5.43　队伍成员合影

3. 项目创意的选择

创意是创新创业比赛的“灵魂”，好的创意往往会吸引到更多人的关注。因为缺乏阅历，他们团队总是会在创意方面异想天开。在最初的创业创意中，他们团队有“汽车、旅游、情怀”等许多方面的想法，虽说创意新颖，但落地实施的可能性几乎为零。后来他们团队多次与指导老师沟通交流，联系实际，最终确定了创意选择。

由此可见，创意不是天马行空的产物，更不是毫无用处的想法，它不仅来源于生活，还要服务于生活。落地实施是关键所在，项目实操效果，项目的盈利，项目的社会背景，是否符合国家政策要求等，我们都需要进行综合考虑。

良好的开始是成功的一半，一个好项目也一样，选择大于努力。选择符合比赛要求的主题，结合自身企业的项目产品特点，再适当加入公益的相关优势因素，就会为比赛项目增加亮点，可以很大程度上提高项目的竞争力并让创意的“创”字闪光。

4. 量身定制的创新创业教育实战环境

由于比赛经验欠缺，很多关键细节需要深入。学校在“七点创业谷”（见图5.44）召开多次培训会，全面介绍了“创新、创业、互联网+”大学生创新创业大赛的发展历程、比赛类别、各类评审规则及注意事项、项目打磨技巧等，并详细介绍了大赛实施的新规则。学校结合多年来的指导经验，强调了项目挖掘与识别、团队组建、项目实施、商业计划书撰写、项目路演、项目如何落地等环节的注意事项，案例详实，讲解生动。这些都引导褚××他们小组避开了大学生创业大赛中的一些认识误区，剖析了创新创业大赛和创意比赛、学术比赛的区别，并重点介绍专创融合的含义、商业计划书的组成等。

图5.44　七点创业谷

正是由于老师的积极辅导，他们小组从之前的一头雾水发展到现在的相互配合，在大赛的道路上披风斩棘，渐入佳境。

5. 披荆斩棘，磨砺自己

在比赛过程中，面对竞争的残酷，比拼的压力，他们小组想要做出丰盈的项目，于是着手制作策划书。俗话说万事开头难，策划书前前后后从当初的1.0版本改到了9.0版本。指导老师作为队伍的精神支柱和技术向导，不厌其烦地帮他们指出不足，利用自己的午饭时间在办公室给他们解决相关问题，他们小组也变得越发积极。答辩、制作 PPT、实操演练等增进了他们团队和指导老师的感情。他们付出了别人想象不到的努力，白天基本都在上课，于是就利用晚上的时间进行探讨，凌晨两点还在修改策划。他们修改 PPT 将近 30 次，一有时间就去练习答辩。他们在 PPT 中加入视频，视频由他们自己制作。然而视频素材的取景远不止他们想象中的简单。在 37℃ 的高温下，他们团队全体到户外取景，学校、健身房、体育场馆、桥边、操场，每一个地方都是促使他们前进的基石，带着他们走得越来越高。再加上指导老师的悉心指导和讲评，他们一直在改进自己，朝着更好的方向发展（见图 5.45）。

准备的过程崎岖坎坷，他们不知疲倦地奔波在路上。每位成员都参与到项目策划过程的每个环节，成员之间的信任度与默契度一直在提高，团队的整体合作能力因而也增强。

部分初稿

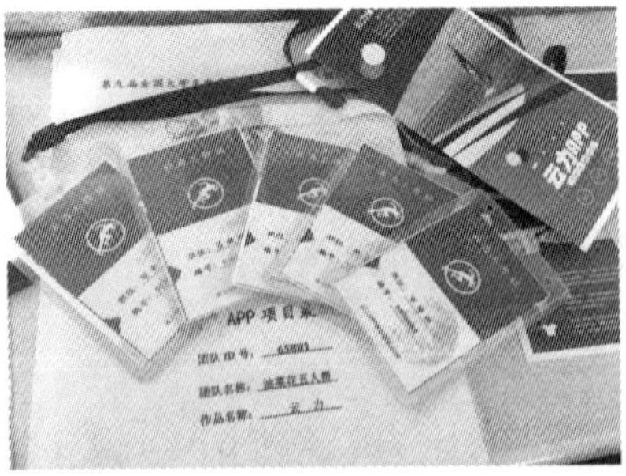

策划案、答辩道具

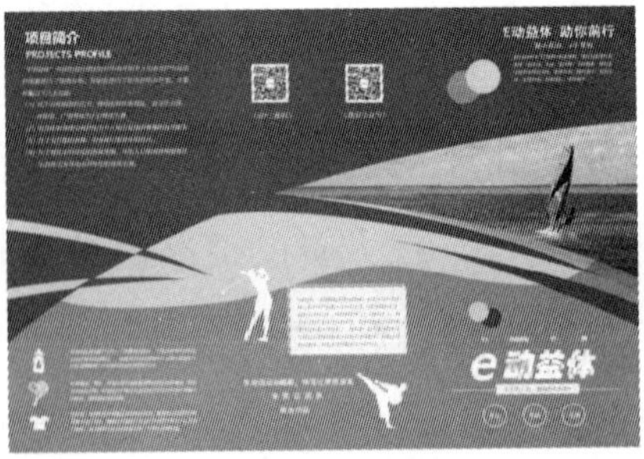

宣传三折页

图 5.45　项目准备工作

6. 苦尽甘来，硕果累累

学校举办的多次创新创业教育培训会全面介绍了电子商务大赛各类评审规则及注意事项、项目打磨技巧等，褚××从中汲取营养，进而参与了第一个培训后的比赛——全国高校商业精英挑战赛“电子商务专业大赛”。

首先第一场比赛是校赛，褚××团队破茧而出的势态让每个人脸上都洋溢着自信的笑容。凭借名列前茅的成绩，褚××团队进入了省赛，取得了省赛特等奖的成绩，并顺利冲进了国赛，最终获得了国家一等奖的好成绩（见图 5.46）。

证　书

德州学院：

在由（国资委）商业国际交流合作培训中心、中国国际商会商业行业商会、中国国际贸易促进委员会商业行业委员会共同主办的2019年全国高校商业精英挑战赛创新创业竞赛山东省总决赛本科创客组中，荣获 特 等奖。

特发此证，以兹鼓励。

作品名称：e 动益体

参赛选手：[illegible] 宋文[illegible] 姜柳青 闫浩 王[illegible]

指导老师：张燕

证　书

德州学院的参赛作品《e 动益体》荣获 2019 年全国高校商业精英挑战赛“云洋杯”创新创业竞赛全国总决赛（网络评审）

一等奖

团队学生成员：[illegible]、宋文[illegible]、姜柳青、闫 浩、王[illegible]

优秀指导教师：张 燕

图 5.46　证书

与此同时，学校的创新创业教育课堂的导师告诉褚××要勇于挑战，面对激烈的竞争与强劲的对手才能够迅速成长。在掌握相关比赛知识后，他们报名参加了全国大学生电子商务“创新、创意及创业”挑战赛（简称“三创赛”）。

校赛阶段。三创赛竞争比较激烈，学校只有一个参加省赛的名额，由于学校对他们进行了专业的培训，团队的准备也比较充分，再加之前几次比赛的经验，他们小组凭借出色的发挥，获得了校赛第一名的好成绩，并顺利进入省赛。

省赛阶段。因为三创的省赛是小组赛制，只有每组前两名可以进入的总决赛，褚××坦言压力很大，他们每个人内心都有点紧张，加上答辩环节被评委连连追问，他们小组也发现了很多缺陷。他认为答辩结束后等待结果的过程是这段时间中最难熬的阶段，在食堂就餐时他能看到团队中每个人的不甘心，平时爱好打闹的组员们也变得沉默不语。直到他们以小组第一的成绩拿到了通往省级总决赛的名额，所有组员才重获信心，更是一鼓作气在总决赛中拿到了特等奖的好成绩。

国赛阶段。这个阶段可谓是一波三折，之前的成绩并不能让他们直接进入国赛，而是需要组委会通过专家分析来决定国赛名额。组员们内心大起大落，好在天道酬勤，他们如愿以偿地获得了国赛的资格，并在国赛中取得了二等奖的成绩（见图 5.47）。

图 5.47　团队合影与获奖证书

在学校的积极引导与号召下，褚××重扬旗帜，报名参与了中国“互联网+”大学生创新创业大赛（见图 5.48）。

图 5.48　团队合影

在比赛之前，学校对所有参赛队伍进行了集中培训，邀请了很多企业家讲述创业历程，以便他们的项目更贴近实际。他们顺利通过初赛、半决赛，在决赛中的表现更加出色，最终顺利进入省赛。这也使他们的信心倍增，凝聚力更强。

在一次与学校创新创业导师的交流中，褚××得知了另外一个比赛：

大学生科技节——大学生创业计划大赛。结合很多大赛经验和指导老师指引的方向，他们小组迅速完成了策划书的编写，连续两年在大赛中取得了三等奖的成绩（见图 5.49）。

图 5.49　荣誉证书

国家旨在深入推进大学生创新创业训练计划工作，深化学校创新创业教育改革，提高大学生创新创业能力，培养造就创新创业生力军，决定组织大学生创新创业训练计划项目立项工作。由于学校对他们的创业教育进行启发，指导老师对他们的想法也大力支持，他们小组申请了国家训练项目，并开始了落地计划。小组首先进行市场调研，再对 APP 功能进行完善，并与多家体育场馆、健身房进行合作。由于还是学生，他们暂时决定不成立公司。该项目现阶段处于孵化阶段，褚××对此也说：“我们会继续努力，积极向专业人士请教，陆续实现我们的目标。”

由于学校对学生进行的创业教育大力支持，褚××团队萌生了把比赛项目落地的想法，申请了国家级创新创业训练项目。

7. 成功的基石：同甘共苦、勇往直前

百转千回，才能百炼成钢。学校创新创业教育一直在提醒着褚××和他的组员一定要充满自信，展现当代大学生的朝气和拼搏精神。但自信并非盲目，而是来自对团队项目的整体把握和每一部分的专业性认识。每位成员都要对项目内容达到绝对熟悉，做到熟记于心，这样才能够在回答相关提问时对答如流。例如，公开答辩时，感光胶片项目队员的回答就令人称赞，组员们表现出来的应变能力相当优秀。

同时他们团队接受了学校校报的采访，畅谈了比赛的收获（见图5.50）。他们说比赛收获的不仅是奖项，所有队员也通过参赛不断地成长，他们综合素质也得到不断提高。

同甘共苦 勇往直前 方能成功

——记经济管理学院"创新、创意及创业"团队

图5.50 学校校报的采访

大学时光，因参加了创业大赛而变得更有意义。这份经历使褚××成长，也使他不再胆怯。虽然这只是尝试，但这些尝试却使褚××认识到了创业的艰难，锻炼了他在面对各种困难的勇气，使其以后的人生道路更加宽阔。用褚××的话说："我们真心感谢各位老师在比赛各个方面给予的热心指导和足够重视，真心感谢老师们的辛勤付出，以及对我们的关怀和帮助。师生的交流使参赛过程更加难忘，而这份感动不会因创业大赛的结束而模糊，只会永远清晰地存留在大学生活的记忆之中。尽管大学的时光有限，但我们的激情依旧存留。"

附录1：创新创业教育开展课程思政情况调查问卷——教师

尊敬的老师：

您好！非常感谢您能在繁忙的工作中抽出宝贵时间认真填写本次问卷！请您在有选项的题目中勾选您的答案，在标有自填的题目中填上您的答案。

谢谢您的配合！

德州学院创新创业教育生态系统构建研究课题组

一、个人信息

1. 您的性别是：

○A. 男　　○B. 女

2. 您的年龄是：

○A. 29岁及以下　　○B. 30~39岁　　○C. 40~49岁

○D. 50岁及以上

3. 您的专业是：

○A. 理科类　　○B. 文科类　　○C. 工科类　　○D. 艺体类

4. 您的学位是：

○A. 博士　○B. 硕士　○C. 学士

5. 您的职称是：

○A. 教授　○B. 副教授　○C. 讲师　○D. 助教

6. 您的主要岗位是：

○A. 教学科研　○B. 学生管理　○C. 行政/教辅

7. 您的政治面貌是：

○A. 中共党员　○B. 民主党派人士　○C. 无党派人士　○D. 群众

二、调查题目

（一）对创新创业教育的认知和理解

1. 您认为创新创业教育是：

○A. 为了开办公司　○B. 为了开发一项科技项目

○C. 培养创业型人才　○D. 创新思维的训练

2. 您认为创新创业教育对大学生毕业后进行创新创业活动有作用吗？

○A. 有很大作用　○B. 有一定作用　○C. 没有作用

3. 您认为学校对创新创业教育的重视程度是：

○A. 非常重视　○B. 重视　○C. 一般　○D. 不重视　○E. 非常不重视

4. 您认为您所在的院部对创新创业教育的重视程度是：

○A. 非常重视　○B. 重视　○C. 一般　○D. 不重视　○E. 非常不重视

（二）创新创业教育开展情况

5. 您所在的院部开设创新创业教育课程的形式是？

○A. 必修课　○B. 选修课　○C. 没有（直接转入第 10 题）

6. 您所在的院部开设的创新创业教育课程面向的群体是?(可多选)

□A. 一二年级　□B. 三四年级　□C. 非本院部学生

7. 您所在的院部开设的创新创业教育课程的内容包括哪些方面?(可多选)

□A. 技能培训　□B. 思维训练　□C. 创新创业意识的培育

□D. 相关素质教育　□E. 其他（请注明）＿＿＿＿＿＿＿＿＿＿

8. 您所在的院部由哪些人来教授创新创业教育方面的课程?(可多选)

□A. 相关专业老师　□B. 政府及学校相关部门的管理人员

□C. 成功创业者或企业家　□D. 已经毕业的校友

□E. 其他（请注明）＿＿＿＿＿＿＿＿＿＿

9. 您所在的院部的创新创业教育课程的教学形式有哪些?(可多选)

□A. 讲授式　□B. 问题探究式　□C. 训练与实践式

□D. 其他（请注明）＿＿＿＿＿＿＿＿＿＿

10. 您所在的院部是否经常举办与创新创业相关的活动?

○A. 经常会　○B. 偶尔会　○C. 不会（直接转入第 14 题）

11. 您所在的院部举办过哪些创新创业活动?(可多选)

□A. 竞赛　□B. 讲座　□C. 论坛

□D. 其他（请注明）＿＿＿＿＿＿＿＿＿＿

12. 您所在的院部举办的创新创业活动面向的群体是?

○A. 全校　○B. 部分院部　○C. 本院部

13. 您认为与创新创业相关的活动的效果如何?

○A. 效果显著　○B. 效果一般　○C. 完全没有效果

（三）创新创业教育开展课程思政情况

14. 您认为创新创业教育开展课程思政是否有利于提升大学生的创新创业意识、精神与品质？

○A. 效果显著　○B. 效果一般　○C. 完全没有效果

15. 您认为创新创业教育开展课程思政是否必要？

○A. 有必要　○B. 没有必要　○C. 可有可无

16. 您认为学校对创新创业教育开展课程思政的重视程度是：

○A. 非常重视　○B. 重视　○C. 一般　○D. 不重视

○E. 非常不重视

17. 您认为您所在的院部对创新创业教育开展课程思政的重视程度是：

○A. 非常重视　○B. 重视　○C. 一般　○D. 不重视

○E. 非常不重视

18. 您认为创新创业教育可以在哪些方面开展课程思政？（可多选）

□A. 技能培训　□B. 思维训练　□C. 创新创业意识的培育

□D. 相关素质教育　□E. 其他（请注明）＿＿＿＿＿＿＿＿

19. 您认为创新创业教育课程思政应开展哪些内容的教育？（可多选）

□A. “三观”教育　□B. 理想信念教育　□C. 爱国主义教育

□D. 思想道德教育　□E. 法治教育　□F. 优秀传统文化

□G. 其他（请注明）＿＿＿＿＿＿＿＿

20. 您认为学校或教学单位在创新创业教育中开展课程思政时，有哪些方面做的还不到位？（可多选）

□A. 校园文化环境　□B. 办学模式　□C. 师资结构

□D. 实践基地建设　□E. 经费投入　□F. 人才培养理念

□G. 校外实习机会　　□H. 其他（请注明）＿＿＿＿＿＿＿＿

21. 您认为创新创业教育开展课程思政的有效途径有哪些?（可多选）

□A. 在创新创业教育中融入思想政治教育的相关内容

□B. 在全校营造创新创业的文化环境氛围，提供多彩的校园文化活动

□C. 发挥思想政治教育工作者的优势，加强专业师资队伍建设

□D. 创新思想政治教育，发挥高校、政府、企业和家庭协同育人优势，促进大学生创新创业教育发展

□E. 其他（请注明）＿＿＿＿＿＿＿＿

22. 您认为创新创业教育开展课程思政的前景如何?

○A. 很好　　○B. 好　　○C. 一般　　○D. 差　　○E. 很差

（四）您对创新创业教育开展课程思政的其他意见或建议是：

＿＿＿＿＿＿＿＿＿＿＿＿＿＿＿＿＿＿＿＿＿＿＿＿＿＿＿＿＿＿

＿＿＿＿＿＿＿＿＿＿＿＿＿＿＿＿＿＿＿＿＿＿＿＿＿＿＿＿＿＿

＿＿＿＿＿＿＿＿＿＿＿＿＿＿＿＿＿＿＿＿＿＿＿＿＿＿＿＿＿＿

附录2：创新创业教育开展课程思政情况调查问卷——学生

亲爱的同学：

你好！非常感谢你能在繁忙的学习中抽出宝贵时间认真填写本次问卷！请在有选项的题目中勾选相应的答案，在标有自填的题目中填上你的答案。谢谢你的配合！

德州学院创新创业教育生态系统构建研究课题组

一、个人信息

1. 你的学历层次是：

○A. 专科生　　○B. 本科生

2. 你的性别是：

○A. 男　　○B. 女

3. 你的专业是：

○A. 理科类　　○B. 文科类　　○C. 工科类　　○D. 艺体类

4. 你的年级是：__________

二、调查题目

（一）对创新创业教育的认知和理解

1. 你认为创新创业教育是：

○A. 为了开办公司　　○B. 为了开发一项科技项目

○C. 培养创业型人才　　○D. 创新思维的训练

2. 你是否会有意识地去了解创新创业教育方面的知识和技能？

○A. 经常会　　○B. 偶尔会　　○C. 不会

3. 在校期间你是否接受过创新创业教育？

○A. 很多　○B. 较多　○C. 一般　○D. 没有（直接转入第 5 题）

4. 你接受过的创新创业教育是否对你有帮助？

○A. 很有帮助　　○B. 较有帮助　　○C. 一般　　○D. 没有

5. 你毕业以后是否有创业的打算？

○A. 有　　○B. 没有　　○C. 不确定

6. 你认为创新创业教育对大学生毕业后进行创新创业活动有作用吗？

○A. 有很大作用　　○B. 有一定作用　　○C. 没有作用

7. 你认为学校对创新创业教育的重视程度是：

○A. 非常重视　○B. 重视　○C. 一般　○D. 不重视

○E. 非常不重视

8. 你希望学校的创新创业教育课程的内容更注重哪一方面？

○A. 技能培训　　○B. 思维训练　　○C. 创新创业意识的培育

○D. 相关素质教育　　○E. 其他（请注明）＿＿＿＿＿＿＿＿

9. 你认为需要请哪些人来教授创新创业教育方面的课程?（可多选）

□A. 相关专业老师　□B. 政府及学校相关部门的管理人员

□C. 成功创业者或企业家　□D. 已经毕业的校友

□E. 其他（请注明）________________

（二）创新创业教育开展课程思政情况

10. 你认为创新创业教育开展课程思政是否有利于提升大学生的创新创业意识、精神与品质?

○A. 效果显著　○B. 效果一般　○C. 完全没有效果

11. 你认为创新创业教育开展课程思政是否必要?

○A. 有必要　○B. 没有必要　○C. 可有可无

12. 你认为创新创业教育课程思政应开展哪些内容的教育?（可多选）

□A. "三观"教育　□B. 理想信念教育　□C. 爱国主义教育

□D. 思想道德教育　□E. 法治教育　□F. 优秀传统文化

□G. 其他（请注明）________________

13. 你认为学校在创新创业教育中开展课程思政时，有哪些方面做得还不到位?（可多选）

□A. 校园文化环境　□B. 办学模式　□C. 师资结构

□D. 实践基地建设　□E. 经费投入　□F. 人才培养理念

□G. 校外实习机会　□H. 其他（请注明）________________

14. 你认为创新创业教育开展课程思政的有效途径有哪些?（可多选）

□A. 在创新创业教育中融入思想政治教育的相关内容

□B. 在全校营造创新创业的文化环境氛围，提供多彩的校园文化活动

□C. 发挥思想政治教育工作者的优势，加强专业师资队伍建设

□D. 创新思想政治教育，发挥高校、政府、企业和家庭协同育人优势，促进大学生创新创业教育发展

□E. 其他（请注明）__________________

15. 你认为创新创业教育开展课程思政的前景如何？

○A. 很好　　○B. 好　　○C. 一般　　○D. 差　　○E. 很差

（三）你对创新创业教育开展课程思政的其他要求、意见或建议是：

____

____

____

参考文献

［1］ STANGLER D，BELL－MASTERSON J. Measuring an entrepreneurial ecosystem ［J］. Kauffman Foundation，2015.

［2］ COHEN B. Sustainable valley entrepreneurial ecosystems ［J］. Business Strategy and the Environment，2006，15 （1）：1－14.

［3］ BISCHOFF K，VOLKMANN C K，AUDRETSCH D B. Stakeholder collaboration in entrepreneurship education：an analysis of the entrepreneurial 8. ecosystems of European higher educational institutions ［J］. The journal of technology transfer，2018，43 （1）：20－46.

［4］ WU S，LIN Y. Innovation and entrepreneurship in an educational ecosystem：cases from Taiwan ［M］. Singapore City：Springer Nature Singapore Pte Ltd.，2019.

［5］ 刘振亚. 美国高校创业教育生态化对我国的启示 ［J］. 中国高教研究，2014 （2）：52－55.

［6］ 陈基根，朱晓菊. 地方高校创新创业教育生态系统的构建与实践：以台州学院为例 ［J］. 台州学院学报，2018，40 （4）：61－64，80.

［7］ 杜栋，洪璟玥. 高校创新创业生态系统的全景分析与综合评价 ［J］. 中国高等教育评估，2018，3：37－44.

[8] 邵立杰. 高校创业教育生态系统主体作用路径研究 [J]. 北京农业职业学院学报，2018，6：82-87.

[9] 高扬，付冬娟，邵雨. 我国创新创业教育政策历史演变、合理性分析及建议 [J]. 创新与创业教育，2015，6 (6)：18-22.

[10] 谢志远，戴威，徐倩倩. 应用新技术背景下高校创新创业教育生态系统构建：以浙江省为例 [J]. 科技管理研究，2018，22：92-99.

[11] 倪敏，张兴龙. 高校“思政课程”到“课程思政”的实现路径 [J]. 淮海工学院学报（人文社会科学版），2019，17 (11)：137-140.

[12] MUKESH H V, PILLAI K R. Role of institutional ecosystem in entrepreneurship education: an empirical reiteration [J]. The Journal of Entrepreneurship, 2020, 29 (1): 176-205.